恭贺叶嘉莹先生百岁华诞

贺寿版

我与姑母叶嘉莹

叶言材 著

人民出版社

◎ 为庆贺姑母叶嘉莹先生百岁寿辰，特委托广州朱英元先生造像，并录二〇〇七年所作《姑侄情》存念。侄叶言材拜贺（图为泥塑最终稿）

◎ 姑母叶嘉莹先生百岁寿辰祝寿铜像泥塑稿局部

为敬爱的姑母叶嘉莹先生
百岁华诞
献上一份叶氏家族子侄之心

姑姑：

今天是2023年7月18日，中国传统历法的癸卯荷月初一，您的百岁寿辰。小侄因远在日本，不能当面向您贺寿，实在是我终生之遗憾！

自1974年的那个夏天伊始，您对祖国的热爱之心和您对中国传统文化的衷爱及传播，近半个世纪以来无时无刻不在影响着我，一直都是我所学习的榜样和所追求的人生目标。无奈小侄才疏学浅，除传承您的精神外，难以习得您的学问与境界，实在有愧于您对我的多年教诲与栽培！

因无以为报，故籍为您庆祝百岁华诞贺寿之机，特铸塑与您等身之铜像一尊，寄赠于南开大学迦陵学舍内之迦陵讲堂，展现您的授业风采，以供世人及后学们仰慕。

小侄遥祝姑母叶嘉莹先生福寿绵长！

侄　言材敬上

2023 年 7 月 18 日于日本福冈

序

我的侄子叶言材最近写了一本书，题名为《我与姑母叶嘉莹》。我想那是因为有一位台湾的导演陈传兴先生，多年前，他曾经出版过一个系列的电影集，题名为《他们在岛屿写作》，我当年也曾经在台湾几所大学任教，而且出版过不少论著，他的“写作”计划中，原来有我的名字，但当时没能完成。直到近年我回到天津南开大学定居后，他拍摄了一部关于我的影片，题名为《掬水月在手》，而此一影片的公映，引起了大家的关注，于是就有很多人写了不少关于我的文字。有一位女士写了一部文稿要我评定，我已经是年逾九十的老人，就把阅稿的事交给了我的侄子叶言材。他以为别人写得都有所不足，因此乃引发了不妨自己写一篇《我与姑母叶嘉莹》之动念。写作期间，他接受约稿，并在《中国社会科学报》上连载，获得了不少关注，现在又将由人民出版社出版。

本来他对我的家世生平就比外人了解得更多，而且他在我们家族后辈中，无论所学中文专业或给外国学生讲授中文的职业经历方面，都可以说是唯一一个与我相近和比较能够理解我“回国教书之志”的人。他文思敏捷，识见又广，一写起来就下笔不能自休，洋洋洒洒一口气写成了一部长达数万字的大作。虽然他为人处世的风格作风与我有极大的不同，但他不仅以他的记忆补充了我以前一些记述的不足，而且确实写出了他自己的真切见闻与感受。

在他的文稿中，有多年前他陪同我去访问一些前辈学者的记述，即如他所写的夏承焘先生、缪钺先生、陆宗达先生、陈贻焮先生、文怀沙先生，以及我的老同学考古专家史树青先生、红学专家冯其庸先生、数学家陈省身先生、物理学家杨振宁先生等。还有南开几位热心诚恳的老师，特别是当年促成中华古典文化研究所之设立的外事处前处长逄诵丰先生。文中也写到了对研究所之建成提供热心帮助的加拿大的蔡章阁老先生，以及后来捐款建成现在的迦陵学舍的澳门友人沈秉和先生和加拿大友人刘和人女士、“横山书院”的学员们等。

不过，最使我感动的，还不只是这些关于人与事的叙写，而是后来当他写到我在国外讲学时的一些论著时，常有引用西方文学理论之著作的时候，他对英文虽然并不擅长，但却都能把很多英文著作的理论、作者的氏名都记写得一字不差，也足见他写作时的认真和努力。

总之我的这个侄子的性格与为人方面与我虽有不同，但他写作《我与姑母叶嘉莹》这本书，还是极为用功和努力，同时弥补了我在某些方面的疏漏和不足，也还是使我极为感动的！

迦陵

2021 年 11 月于南开大学

2013年由三联书店出版的《红蕖留梦》（叶嘉莹口述、张候萍撰写），其实对于叶先生自己和家族的事，都已经记述得相当细致，但是作为叶先生的侄子，我也想从我的角度做一些点滴回忆的补充。2020年姑母96岁华诞之际，我得到她的鼓励，写下这本小书。我保证本书内容除第一章第一节“叶氏家族”和第六章第一节“海陶玮先生”、第二节“吉川幸次郎先生”以及少部分内容来自资料以外，其余均为我的亲身经历，并经过叶先生亲自审阅。

◎ 此照片拍摄于2021年7月10日（辛丑六月初一）叶先生97岁华诞。
叶先生特嘱我写一段文字说明：年近百岁的姑母从不染发，90岁左右时已经鹤发霜雪，然自93岁那年在房间里跌跤，后脑瘀血隆肿，经张伯礼院士指点使用中药喷剂，不仅瘀肿消退，而且竟然逐渐滋长出来了许多自然的黑发……真可谓是奇迹一桩！

Contents

目 录

第一章
家世与寻根之旅

关于叶家先世的历史，《红蕖留梦》中虽已有记述，但近两年我与姑母又找到一些资料，并得到北京市海淀区“纳兰文化研究中心”刘子菲主任的帮助，重新进行了梳理。

第一节　叶氏家族

我家族姓“叶赫那拉”，又写作那喇、那拉、纳喇、纳兰。

明代，生息在今天吉林省的有四个“那拉”部族——叶赫那拉、乌拉那拉、哈达那拉、辉发那拉，原都是以前金国女真族的后裔，被称为“海西女真”，通称扈伦四部。但叶赫那拉的王族却与其他三个“那拉”不同，不是女真人，而是蒙古族土默特人的后裔。

土默特人原为鲜卑之后（呼和浩特城即为土默特人所建），曾随忽必烈入主中原，建立元朝，历九十余载，最终被汉人逐回漠北。元朝灭亡后，其中一支遂由星根达尔罕（叶赫那拉氏之“初祖”）率领东征，至今吉林省长白山麓松江平原一带，将当时那里的一个“那拉”部族征服并取其族姓。16世纪初（明正德年间），首领祝孔革又率领部族子民继续南下到达叶赫河畔(今吉林省四平市境内)定居，从此该部族便以河水命名为“叶赫那拉”。叶赫是“巨大”的意思，那拉是“太阳”的意思，加在一起就是“大太阳”之义。16世纪中叶，祝孔革之孙杨吉砮和清加砮兄弟二人在叶赫河畔分建东、西二城，杨吉砮称“东城贝勒”，清加砮称“西城贝勒”。因叶赫那拉的“蒙古骑兵”骁勇善战，努尔哈赤为统一女真各部而与之联姻，待成功后又灭掉了叶赫那拉。努尔哈赤灭叶赫部后，除将东城贝勒金台石一脉的王族编入“正黄旗”、将西城贝勒布扬古一脉的王族编入“正红旗”以外，将部族人众分别编入其他各旗。慈禧虽姓叶赫那拉，但出身于“镶蓝旗”，垂帘听政后将其家一族“抬旗”至镶黄旗（因清太宗皇太极时将“镶黄旗”改为了满洲八旗的“头旗”）。

民国时期，镶黄旗的叶赫那拉族人普遍改姓为“那”，可是东城贝勒王族一脉在清代则始终属于“满洲正黄旗”，后人中有纳兰明珠、纳兰性德等，民国时期改姓为“叶”。

我家一族在清代属“满洲正黄旗”，《清代翻译进士列表》“光绪十八年（1892）壬辰科翻译进士”条中有载：中兴（家曾祖父之名讳），满洲正黄旗人。

我在此想说明的是：之所以叶先生一直以来都强调自己家族不是女真人，而是“蒙古裔的满洲人”，这就是其原因。

纳兰文化研究中心的刘子菲主任谈及“叶赫纳兰旗籍问题”时说：

叶赫纳兰属于海西女真扈伦四部之一，并非蒙古。海西女真叶赫部的王族先祖星根达尔罕原是喜峰口外蒙古土默特氏人，明初时，曾带兵灭女真扈伦国所居“张”地之纳兰姓部，遂据其地，冒姓纳兰。此后叶赫纳兰王族后裔便拥有了蒙古血统。而其部落大多数原住民却仍是原样，没有这个血统。而且，在满洲八旗中，只有叶赫国东城贝勒金台石一脉为正黄旗。因此纳兰明珠、纳兰性德的旗籍皆为正黄旗满洲。叶嘉莹先生祖上的旗籍也为正黄旗满洲。叶先生的民族为满族。这就是叶先生为什么说“我们是具有蒙古血统的满族人”的原因。同时也说明叶嘉莹先生与纳兰性德同宗，同为叶赫东城贝勒金台石后裔。另外，慈禧只是将其家族抬旗至镶黄旗，并非为整个叶赫那

 拉部抬旗，叶赫部旗籍还有正黄、正红、正白等。

满族的各个家庭原本没有姓氏，而只有族姓，至民国才改学汉族，开始有了各家姓氏。据我父亲叶嘉谋先生（叶嘉莹先生的大弟弟）留下的笔记所述：“先伯父叶廷乂（音 yì，通“义”，也即叶先生的伯父）在世时曾对我们说过，我们满族是有名无姓，有族名，我们原为纳兰族，祖居叶赫地，称叶赫纳兰。清末民初时乃取姓为‘叶’。”

我称为“大爷爷”的叶廷乂公，给我家规定了辈分排字，共八个字，即“嘉言警世，懿性淑身”，可传八代。因此叶先生和我父亲、叔叔为“嘉”字辈，我的这一代为“言”字辈。我大爷爷还规定：为孩子取名时，名字中的最后一字，必须取自其母姓氏之字的一半，所以我哥哥名言枢，我姐姐名言权，我名言材，因为我母亲姓杭，有“木”字旁。我母亲家族在清代属汉旗人，祖上曾任吏部侍郎。

我在台湾的大爷叶嘉穀先生（我大爷爷之子，叶先生之堂兄）之子叶言都，因其母亲姓郭，取了“郭”字的半边。

叶先生的两个女儿本可不按此排字，但是她那时在台湾，不知道北京家里人的情况，所以也依此给我的两个表姐取了“言”字，大表姐叫赵言言，二表姐叫赵言慧。

及至 1982 年 6 月，我哥哥的女儿出生，叶先生给她取学名为“叶警昕”，出自《礼记》“大昕钟鼓，所以警世也”，因我嫂子姓赵名欣，“赵”字难以分割，便从其名中取了半边的“斤”字。小名为“师诗”，即学诗之义。待到她上幼儿园时，家里人担心名字的笔画过多，不便于小孩子书写，便将她的小名改用作学名——叶师诗，遂将小名改为“诗诗”；后来因班主任老师和小朋友们常把她的名字写做“诗诗”，于是家里人商量后，兄嫂又到派出所去，将户口本上女儿的姓名改为了“叶诗诗”。不过，当年无论她是“师诗”还是“诗诗”，还真的从一岁牙牙学语时起，就能开始背诵唐诗。叶先生在《为内侄孙女诗诗作》一诗中写道：

小序：内侄孙女小字诗诗，天性聪慧，甫周岁，余弟嘉谋授以唐人绝句，辄能成咏。因为小诗以美之。

劫后家风喜未更，共夸雏凤有清声。
周龄诵得唐人句，无愧诗诗是小名。

（案：此诗应作于 1987 年，《迦陵诗词稿》中的位置不对。）

后来，叶先生将我大爷爷所定“嘉言警世，懿性淑身”之辈分排字，修改为“嘉言警世，毅行淑身”，其中“行”字须读作去声（xìng），乃品行之义。

第二节　初闻纳兰容若

说到叶赫纳兰（叶赫那拉），就会想到纳兰性德。王国维先生在《人间词话》中这样评价他：“纳兰容若以自然之眼观物，以自然之舌言情，此初入中原未染汉人风气，故能真切如此，北宋以来，一人而已。”

他虽出身于满洲贵胄之家，本人又文武全能，常伴君侧，且一表人才，相貌“姣好”，但为人谦虚，喜好汉文化，结交汉族文人，为清初时的民族团结作出过重要贡献。只可惜天妒英才，过早去世。然而他的作品至今都为人喜爱，所以目前中国“兰学”界对于他的共识是“宋后第一词人”“清初第一学人”，而且他所主持编纂的《通志堂经解》，乃是后来《四库全书》的底本之一。

说来惭愧，叶赫那拉家族中曾经出过这样一位了不起的人物，我竟然长到 18 岁时还不知道。那时对家族祖上的事情晓得并不多，只是知道叶赫那拉氏的名人就是“慈禧”“西太后”。后来，姑母第一次回国时告诉我：以后不要说“慈禧”，我们跟纳兰性德是本家。这是我平生第一次听说这个名字。叶先生在《论纳兰性德词》（见《清词丛论》一书，河北教育出版社 1997 年版）一文中曾有“我与纳兰同里籍”之句。

1996 年 2 月陪姑母去北京什刹海“宋庆龄故居”会见溥任先生，我才知道“醇亲王府”原本就是纳兰家的府邸，对纳兰家的事才又有了一些了解。2016 年秋，我到天津看望姑母时，她告诉我：“最近北京市海淀区‘纳兰文化研究中心’的刘子菲主任和吉林省四平市‘四平诗词学会’的人来看我，听说四平那里还盖起了一座‘纳兰楼’。”并吩咐我：“我的毛笔字写得不好，你找一位书法家，把我当年写的三首有关纳兰词的绝句，书写以后送给他们吧！”她给了我一个电话号码，说：“你回北京后，先跟这位刘子菲主任联系。”又说了一句：“她很年轻。”我心想：姑母已经 92 岁的人了，她说“很年轻”，恐怕也得是 50 岁左右的人了吧？

回到北京打电话时一听，对方的声音真的是格外年轻。她在电话中告诉我说她 12 岁那年偶然在书店里看到了一本《纳兰词》，从此就发誓要弘扬纳兰文化……

我第二天中午的航班要回日本，约好在去机场的途中交接一下东西。在路边见面时，我真的是大吃一惊，她看上去还是一个样貌姣好的“小姑娘”！后来我们通过微信联系，她把我加进了一个“纳兰群”，我才知道，她组织着好几个“纳兰群”，每晚带领各群诵读“纳兰词”，一年 365 天，无论多晚多忙，从不间断。

我拜托广州那边“岭南画派”领军人物陈天老师（别

◎ 2016年12月24日叶先生在迦陵学舍将《题纳兰性德〈饮水词〉绝句三首》赠送与刘子菲主任（左一）（摄影：郭三步先生）

署“一大”，合起来即“天”字），将姑母的三首诗书写托裱后，一幅由叶先生亲自赠送到刘子菲的手中，另一幅则由我专程送到了四平，想待“纳兰楼”竣工后展示于其中。后来楼建好了，但因四平有关部门领导更换，挂上的是“清风阁”的牌匾。

叶先生的《题纳兰性德〈饮水词〉绝句三首》是这样写的：

其一

喜同族裔仰先贤，束发曾耽绝妙篇。

一种情怀年少日，吹花嚼蕊弄冰弦。

其二

混同江水旧知名，独对斜阳感覆枰。
莫向平生问哀乐，从来心事总难明。

其三

经解曾传通志堂，英年早折讵堪伤。
词心独具无人及，一卷长留万古芳。

2017年5月8日，我受叶先生的委托，代表她出席“纳兰文化出版中心”成立大会。为此，我写了《纳兰文化出版中心成立大会颂辞》：

余族先人兮，纳兰容若，
中华才子兮，崛起河朔。
蒙裔满洲兮，定居叶赫，
出身显贵兮，伴驾君侧。
广交文友兮，满汉通络，
不傲不骄兮，重然重诺。
通志堂集兮，解经释惑，
侧帽饮水兮，真情贯彻。
山水兼程兮，慨叹故国，
人生初见兮，古今寂寞。

有清一季兮，盛名传播，
北宋以降兮，词界孤鹤。
无奈天妒兮，英年陨落，
呜呼恶劫兮，坟茔俱没。
后海宅邸兮，空遗轮廓，
上庄祖庙兮，凋零萧索。
刘氏子菲兮，才高志阔，
十二芳年兮，矢臆弘拓。
结缘微信兮，引读雅作，
夜夜诵咏兮，日日不辍。
广邀方家兮，研讨魁硕，
汇聚共识兮，再现绝卓。
吾虽族裔兮，缺文少墨，
愿瞻马首兮，贡献绵薄。

顺便分享一下：2017 年 5 月 4 日，我和刘子菲一起去看望文怀沙先生。文老原本是斜靠在床上的，当知道刘子菲的身份时，便直起身来，握着她的手，声若洪钟般地道了一声“季子平安否?”

据刘子菲后来解释说：这是纳兰容若的知己顾贞观写给挚友吴兆骞感人肺腑的《金缕曲·寄吴汉槎》，纳兰容若当年就是看了这两首词，才以“绝塞生还吴季子”为己

◎ 清人所绘纳兰容若像

◎ 刘子菲所绘纳兰容若像

◎ 2017 年 5 月 4 日，笔者与刘子菲看望文怀沙老（中）

任，留下了那段“生馆死殡”的文坛佳话。

随后，已是107岁高龄的文老便声情并茂地继续吟诵起后面的内容来…… 听罢，大家都由衷地鼓起掌来，并赞文老才思敏捷，这么长的诗词都能脱口而出，倒背如流，而且声音洪亮。临别时，刘子菲呈上了一张名片，上面印有她自己绘制的“容若像”。文老仔细看后，夸奖道：“画得好！画得好！比那个清朝人画的强太多了！你就是纳兰容若今生的再造之母啊！”

第三节　寻根之旅

2002年9月，与姑母通电话时得知她将要赴吉林寻根，考虑到姑母毕竟已年近八十，便约好陪同前往。因数年前时任吉林大学校长的刘中树教授曾对我说过“很希望叶嘉莹教授能光临吉大讲学”，于是我便通过吉大文学院的郝长海教授与刘校长取得了联系。9月24日傍晚，在长春机场下飞机走向机场大楼时，正好看到了一个红红圆圆巨大的太阳，似乎冥冥之中对应了“叶赫那拉”（即“大太阳”）之义。

同行的有著名诗人席慕蓉老师和她的两位朋友们，正是席老师通过这两位朋友帮助我家找到祖籍地的，遂有此次寻根叶赫之旅。叶先生和席老师在吉大各进行了一场演讲，学生们挤满了演讲会场，有的甚至坐在了讲坛的地上，有的站到了窗台上，让我想起了当年在南开大学听叶先生讲课时的情景。在吉大刘校长的热心安排下，我们去了当时属于吉林省梨树县的叶赫镇（今属四平市铁东区）寻根，还到伊通满族自治县参观了“满族民俗博物馆”，因为叶赫那拉部族在定居叶赫河畔之前也曾在伊通居住过。

前往叶赫那天，时任吉林省委统战部副部长的张鸿梅

◎ 2002 年 9 月，参观长春“伪满皇宫博物院”（左起：吉大中文系郝长海教授、叶先生、席慕蓉先生、笔者、沈文凡教授）

女士、梨树县县委书记和县长、叶赫镇的书记和镇长等一路陪同，浩浩荡荡。首先把我们带到了一座看上去有些气派的城池，城门上方镶嵌着一行白底黑字“叶赫那拉城”。可想而知姑母与我的心情有多么兴奋，于是就在城门处拍照留念。进到城里，我觉得不对，因为我大学毕业后曾在电影界工作过一段时日，所以一看就知道这应是一个拍摄影视时搭的景。询问下得知，这是前不久在这里拍摄一部名叫《叶赫那拉的公主们》（后改名为《叶赫那拉公主》，由崔俊波导演，于慧、杨童舒等主演）的电视连续剧时搭

◎ 2002年9月26日，叶先生与笔者摄于“叶赫那拉城”（摄影：席慕蓉老师）

建的，保留下来成了用来吸引观光游客的景点。听到这里，使我联想到了北京那些有历史有文化的胡同四合院正在被拆，而这些新的假的“古城”却被保留……

我们一行来到了一间陈列室，迎面的隔扇上悬挂着两张一米见方大小的“前言”和“叶赫那拉谱系说明”。当时叶赫镇有一位宫书记，年近六十，三年后的2005年9月我和几位日本的大学教授再访叶赫时，他已经退休了。这位宫书记对于叶赫那拉的历史非常熟悉，如数家珍，给我留下了深刻印象。姑母在与之交谈时问他这些知识都是怎么学来的？他回答说是以前听书听来的。尽管如此，我还是觉得他很了不起，我从他那里知道了许多有关家族先世的事情。他还介绍说在当地有一个传说，大意是：叶赫那拉是一个出凤凰的地方，自努尔哈赤1616年建立后金以降的296年里，共出过三个皇后、十七个妃子，被称为“凤起之地”……宫书记还说：未来还会出现女名人！现在回想起来，我觉得那可能是他作为地方干部的美好愿望吧。

这里虽说并非是历史上真正的古城，但它毕竟也为我们展现了一个历史上的轮廓。登上城墙，我陪姑母环行了一周，看到“转山湖”一侧的风景，山青水碧，湖水在微风之前荡漾和在阳光下闪烁着粼粼波光，而且城墙上隔不远就会插有一面满洲八旗军的旗帜，在风中猎猎作响，当

◎ 2002 年 9 月 26 日，叶先生与笔者摄于“叶赫那拉城”

◎ 2002 年 9 月，叶先生在“叶赫古城（东城）”遗址

真令我和姑母的心里泛起了一种冲动，突发奇想——我们租借了旅游景点常见的那种拍摄纪念照用的戏服，姑母扮成了“格格”，我扮成了“金甲武士”，合影留念。

午饭后，我们在宫书记的引导下来到了“叶赫古城”的东城遗址，即我家先世曾经生息和战斗过的地方。西城的建筑早已为历史湮灭，无迹可寻。

关于在遗址上的事情，叶先生和席慕蓉老师多有详细记述，这里不再赘言。临走时，我跑下河岸，装了一瓶叶赫河水，带回北京洒在了察院老宅的院子里。

顺便说一句，今北京香山南路北端有一座自乾隆年间

◎　乾隆年间为检阅八旗兵修建的团城，俗称“固若金汤”城（图片由中影集团谢平先生提供）

开始为检阅八旗兵修建的团城，俗称“固若金汤”城。其城西面不远处至今都还保留有“正黄旗”的地名，我家的祖坟原本就在此城东北角墙外，20 世纪 50 年代后期被政府征用，在那里建设了“北京植物园”。我家祖坟被“迁坟”至北京安定门外的立水桥，后来“文革”期间又因扩展马路而被平掉了。

所以姑母回国时，未能找到母亲的坟，甚是难过。

第二章
察院胡同老宅

伴随着有关叶先生的文学纪录片《掬水月在手》的公映，最近网上有一篇文章，题为《〈掬水月在手〉导演十问：我想用空镜头抵达诗的本质》（又称《〈掬水月在手〉导演美学十问》），陈传兴导演说：“影片以叶先生老家的空间作为章节，一方面想透过这样的方式回到这个孕育了叶先生青春记忆种子的记忆宫殿，另一方面，海德格尔说：‘诗是存在的居所。’由这种角度，我以叶先生童年居住的老宅的空间作为章节，从门外，一层一层地往里走，反复地由诗的居所，叠影到最后，是已不存在的北京老家回忆。”

在网上还读到了一篇题为《一堂用电影完成的文学课：水月在手，自渡渡人》的评介文章，作者曹柠先生（《南风窗》记者）在文中说：“影片从结构上便可看出构思精巧。导演用四合院的结构来命名章节，分为门外、脉房、内院、庭院、厢房五个部分，呼应叶嘉莹的生命历程，一道道门仿佛一道道坎，磨砺着她的心性，到了庭院则成了‘莫听穿林打叶声’，曲折幽深后，是豁然开朗。到了最后一章，却没有了名字，如同晚年的叶嘉莹不再为世俗所羁绊，从心所欲不逾矩了。”

基于以上，我想有必要描述一下我家老宅。

叶先生的老家是北京市西城区察院胡同13号（20世纪60年代初变更为23号），位于西长安街西单路口向西600米路南，北京民族饭店的对面。直到2004年被拆除前，我也一直都成长和生活在那里，现在那里已经变成了凯晨大厦最东边的部分——渤海银行。

第一节　察院老宅的布局

1994年2月14日的《光明日报》“东风”版上曾刊登邓云乡先生的一篇大作，题为《女词家及其故居》，里面写道：“这是一所标准的大四合院，虽然没有后院，只是一进院，但格局很好，十分规模。”其实不然，我家是一座三进的四合院，并带有一个东跨院。院子里一色方砖墁地，幼儿园时的我，经常可以在院子里开心地骑着儿童

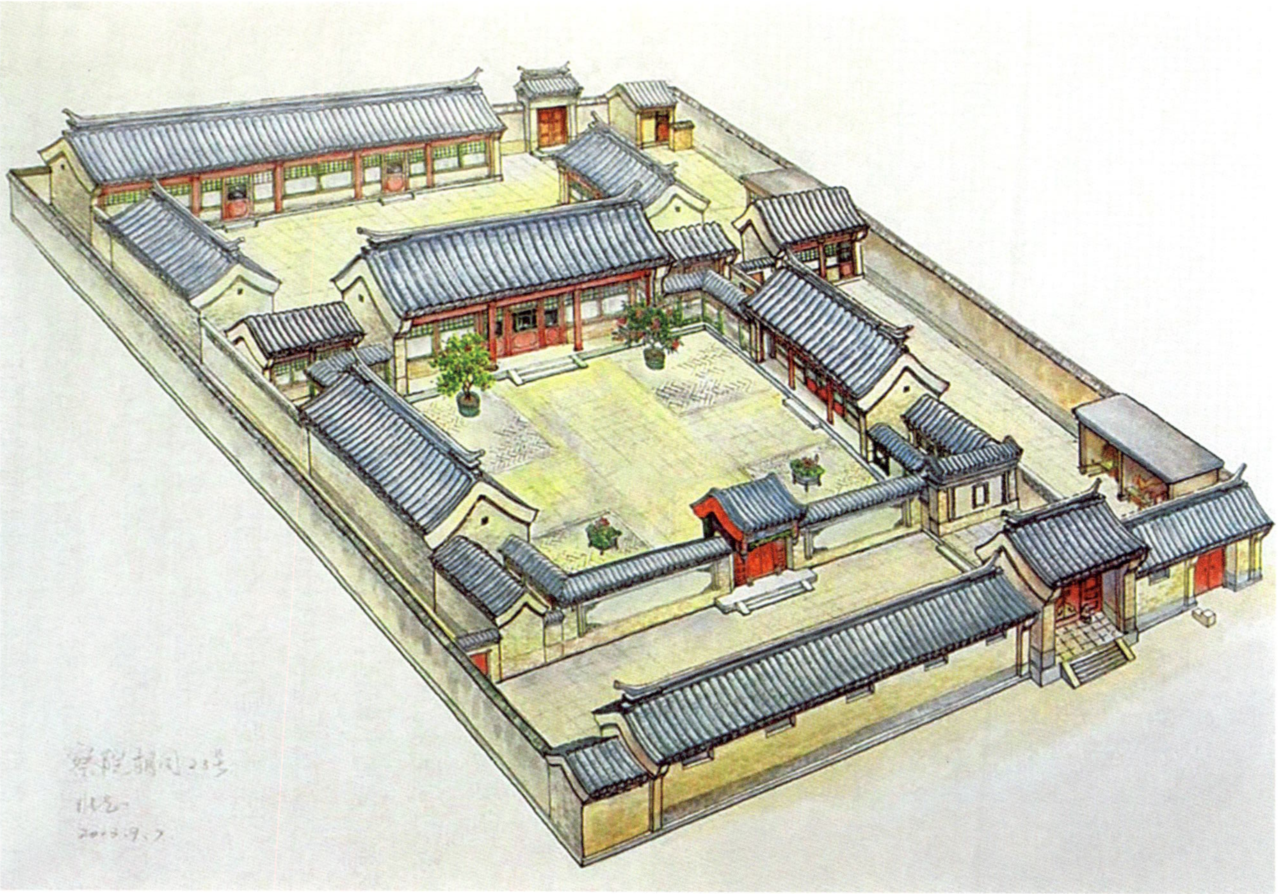

◎ 察院老宅复原图。此图系张维志先生根据叶嘉莹先生和笔者的回忆口述绘制

◎ 笔者小时候的察院老宅内院一角

用的三轮小车，小学三年级以后直到初中时期，我还可以在院子里骑自行车，有时还双手扶车把一脚踩在后架上，另一脚向后平伸，任凭自行车在院中穿来穿去地滑行。足见院子够大。

后来到20世纪60年代末，院子里一进大门的影壁和里外院之间垂花门的墙被街道居委会拆毁，在院子中间修了防空洞，地面上鼓起了一个大土包，我就再也不能骑车了。

我家这所宅院可以追溯到我太祖父（讳联魁，字慎斋，叶先生的曾祖父）的年代——道光年间，因他是二品武官（清朝的一品武官很少），所以我家的院门是那种“广亮大门”，坐北朝南，门旁有“上马石”，门洞将近六尺深（王府为八尺深），左右各有一个石鼓型的“门墩儿”，鼓上各趴卧着石狮子，鼓身正面和侧面还雕有数头狮子，门的上方有四个突出的门当（也叫“门楣”），下方是足足有一尺来高并可以拆卸的门槛。朱红色的大门，高约 2 米左右，厚约 15 厘米左右，两扇大门上各有一个金属门钹，上边有金属门环，叫门时用门环敲击门钹发出声响。据熟悉北京四合院的人称：按照清代的规制，这是

◎　察院胡同部分原貌

◎　察院胡同老宅的大门

一座仅次于王府专用的典型的“二品武官院门”。门口的石鼓石狮在“文革”初期，被我和姐姐用铁榔头捣坏了。

后因前面提到的我的曾祖父考取了进士，于是门上就多挂了一块“进士第”的匾额。可是我从小就没见过，后来初中毕业 16 岁进工厂当学徒，跟一位对我家一带比较熟悉的老师傅聊天儿时，他问我家住哪里，听我说了以后，他说：你家原来可是不得了，门上挂着“太史第”的大牌匾，行人只能从前边经过，不能停留…… 我很吃惊，回到家里向父亲询问，家父才告诉我：不是“太史第”，是“进士第”。

门洞内侧也有近 6 尺深，迎面是一座高大的磨砖“影壁”（又称“照壁”），据我父亲的笔记描述：

> 影壁上嵌有病者赠送的“立起沈疴”等匾额，壁的中间竖有题写着“水心堂葉”的木刻，“葉”字为红色，先伯父说：“‘水心堂’即为我家之堂号，‘水心’原为宋代学者叶适的别号。”先伯父敬仰其人，故题“水心堂葉”。
>
> 壁前匾下放一大荷花缸，粉色荷花，绿色荷叶互相衬托着，夏季还养几尾红色小鱼，它们可以吃孑孓避免滋生蚊子，给人一种雅致脱俗之感，我们都不禁想起“出淤泥而不染”之名句。

◎ 1945 年，叶先生大学毕业后在佑贞女中教书，背景是察院老宅垂花门（衣裙为抗战胜利后回到北平的国民政府发给各中学教师的美国救援物资）

向左下三级台阶才能进入外院——一进院，外院是一溜五间南房和一间厕所。我父亲说：南房原为书房，可在内读书亦可接待男宾，所以这间厕所是“男厕”。

里外院之间有一堵两米多高的院墙，上白下黑，白墙上有用小瓦片组成的轱辘钱儿形的饰样，正中是一座“垂花门”，坐落在将近三平米见方的石台上，石台向内院延伸，四边由一尺宽的条石组成，中间由大方砖墁成，各有两级条石台阶，通向东西南北四个方向。听父亲说，“可作为艺人表演曲艺之用的一个小戏台，台上北面为一木制屏门，绿色门扇上写有红色‘福’、‘寿’二字，此屏门只是当家中有红白大事时方才开启”。

其实我也只是听说过院子里曾经有过“垂花门”，而在我的脑海中完全没有关于“垂花门”的记忆。

姑母叶嘉莹先生曾在《我与我家的大四合院》（《光明日报》1994年3月7日）一文中，对于“垂花门”有过这样的描写：

进入大门后，从迎面是影壁墙右边是门房和男仆房的那方小院向左拐，下了三层台阶，是一个长条形的外院。左边一排是五间南房，三间是客房，两间是书房。右边则是内院的院墙，中间有个垂花门。要上两层台阶，才能进入垂花门，门内是一片方形的石台，迎面是一个木制的影壁，由四扇木门组成，漆着绿色的油漆，每扇门上方的四分之一处各有一个圆形的图案，是个红底黑色的篆体寿字，从石台两侧走下就是内院。

（案：姑母记述的垂花门上是一个“红底黑色的篆体寿字”，而我父亲的记忆是红色“福”“寿”两个字，稍有出入。）

垂花门内是二进院，即中院，或称“正院”，北边是三间正房加左右两侧耳房和一间存储物品的库房，西厢房和东厢房各三间。无论是里院的北房、东西厢房，还是外院的南房，房基都比较高，进屋都必须上三级石台阶，而且台阶两侧都有条石坡道。为了便于流水与防潮，西厢房的背后、东厢房的南山墙与影壁之间都修建有相当于一个成年人体宽的夹道。

我父亲在笔记中写道："东西厢房各三间，先祖原规定先伯及先父东西房各住两年，两年后轮换。1924 年先母在东厢房生了莹姐后，1926 年转住西厢后，当时因先祖母过世，先父又去外埠工作，搬来搬去非常不便，故规定改为长兄（即先伯）住东厢（左为上），弟（即先父）住西厢了。"

他还写道："1926 年，我出生了，我比莹姐小了两岁。我从降生一直到 1948 年莹姐赴南京结婚历时 20 余年，我俩学习、生活、游玩都在一起，就是姐姐和姐夫、我和我爱人的订婚，也是在同一年（1947年）、同一地点——中山公园内的'来今雨轩'办的。故此我们姐弟间建立了深厚的感情。"

北房中间堂屋后墙的上半截能够支撑起来，可以看到三进院的后花园。后院也有一个比较小的院门，直通长安街。整座院落的东北角除有一片空地可以种植一些作物外，还有一间厕所。也就是说，在整座院落的东北角和西南角各有一间厕所，这在北京的四合院里也是不多见的。

东跨院是车房、马厩和厨房，所以大门东侧的门是车马进出用的。1959 年“三面红旗”运动时被居委会改造成了“街道食堂”。

第二节　老宅的变迁

1958 年 12 月，我的“大爷爷”叶廷义公（我祖父的哥哥，叶先生的伯父）去世后，这样一座占地面积约 2000 平米的“察院胡同老宅”，陆续搬进来了一些家族以外的人。家父叶嘉谋是叶先生的大弟弟，当时是北京第 35 中学的语文老师，这所学校原名“志成中学”，是 1923 年由李大钊等人创建的，姑母在辅仁大学毕业后也曾在此校执教。因校领导对家父说：现在有不少教职员工没有地方住，你家有房，先帮学校解决一下困难吧。于是，家父就将后院的房子腾空，借给了同事们居住，因为上百年的老房经常被居住的人要求维护修缮，会需要不小的费用，校领导就让他们给我家一些钱。不知怎的，到了 1966 年 6 月房管部门来人到我家，当时只有我这么一个小学三年级的孩子在家，帮他一起丈量了所有房屋以后，他们说你告诉家长留下你们现在所住的房子是“自住房”，其他的都由国家按“出租房”代管了……

另外据我知道，60年代初家父曾与家叔叶嘉炽（北京新街口大三条小学教师，叶先生的小弟弟）商议，打算将家中房产交与国家，但是当时政府来人到我家说：据我们了解，你们俩不是真正的产权人，你们家房产的产权人是叶廷乂和叶廷元（我祖父名讳，叶先生的父亲）兄弟二人，叶廷乂虽然去世了，但是他的儿子叶嘉穀（我的堂伯父，叶先生的堂兄）作为他的继承人还在台湾，你们的父亲叶廷元和姐姐也都在台湾，由于这些“海外关系”，国家有统战政策，不能接收你们的房产，还是由你们代管吧。

要知道，当时就连我的父母都不知道我祖父和我姑母在哪里，从政府来人的口中才第一次听说他们还都健在，而且是在台湾。并且才明白有家人在港澳台的被叫做“海外关系”，在外国的被叫做“国外关系”……

1957年冬，因国家已经计划在人民大会堂西侧建造“国家大剧院”（当时并没告知要建什么），我外祖父家的土地和房产被征用了，可是搬迁的住房还没有建好，外祖父一家人只好先搬到我家院子借住，搬进了里院的西房。1959年，正值“三面红旗”运动时期，街道居委会要办公共食堂，并且3天之内就要开张。是以，作为人民教师的家父和家叔，为了积极响应党的号召，仓促腾空院子里的东厢房和东跨院原来的车库——里面放满了书籍，只得将房中的书籍家具等物品处理掉。就这样，我父亲他们打开了多年前就已锁定的车库大门，街道居委会的公共食堂进驻了我家车库。当时我还很小，不太记得什么，后来才听说荣宝斋、北京图书馆、首都图书馆来家中分别挑选，拉走了几车。前些年又听说，当年还有不少被清华大学拉走了。总之，说明以前家里的所藏的图书物品应该都还是不错的。

记得我小时候家里有四根通体铁铸的“旗枪”，所谓“旗枪”就是八旗军军旗的旗杆，应该是各旗将士中最重要的指挥官才能拥有，后来为了锻炼身体，家父和我哥哥把它们用铁丝固定在了相近的两棵树上，作为单杠使用。家里还曾有过一把宝剑，护手（又称“吞口”）处是一个狮形兽头，剑锋似从狮口中吐出的舌头，约三尺长，当时我还小，觉得很重，需要双手才能相当吃力地举起。曾听老人们说清代佩剑的护手分为：一等龙头纹，二等狮头纹，三等虎头纹，四等狗头纹，等外为蝴蝶纹、无纹……我至今也不知真假，因为那把剑在“文革”初期红卫兵抄家时被抄走了。

我上小学一、二年级的时候，曾经想学毛笔字（描红模字）和画徐悲鸿那样的马，所以毛笔用得很费，经常跑到西小院库房里去拿新的毛笔。库房里有很多东西，据说都是以前没被挑走的。其中印象最深的就是有几盒“宫墨”，它们在木盒中一字排开，中间的那块最大，上有金色的龙纹图案，两侧的墨依次越来越小，再靠外的两块是红色的，据说是“朱砂墨”，而且这几盒墨和木盒的气味都很香。当年父母不让我用这些墨，我只好到外面去买，可是市场上卖的墨或者墨汁的气味都很臭，令人作呕，所以我就不学写字画画了。不过说实话，我真的浪费了不少好毛笔！

“文革”开始后，毛主席八次接见红卫兵。我家院子的南房被街道居委会占领，成为了他们的办公室，直到1996年左右方才退还。原来住在北房的家叔一家被赶出，去住西小院的耳房和库房，北房被办成了“红卫兵接待站”，住满了来京串联的红卫兵。红卫兵们走了以后，北房立刻就被两户“红五类”的工人家庭抢搬了进来……从此，察院胡同老宅的影壁和内外院墙从有到无，院中地下的防空洞从无到有，再加之八、九十年代各家各户搭建自己的厨房和卫生间，逐渐变成了大杂院。

叶先生在《我与我家的大四合院》的最后一段是这样写的：

事实上我家的院子如今早已面目全非。一九七四年我第一次从海外回国时，我家已经成了一个大杂院。大门上的匾额不见了，门旁的石狮子被打毁了，内院的墙被拆掉了，垂花门也不在了，方砖铺的地也已因挖防空洞而变得砖土相杂而高低不平了，我对我家庭院仍有极深的感

◎ 1974年夏，叶先生与家人在察院老宅院门前

情，只因那是我生命成长的地方，只因我曾见过它美好的日子。即使有一天它被全部拆除，它也将常留在我的记忆里，常留在我那幼稚的诗词里。

可见从1974年到2003年，叶先生在这三十年中经常回到北京老宅，每次当是一种什么样的感受啊！

我在此节开始的部分提到了北京市第35中学（原“志成中学”）。说起我家与北京市第35中的渊源：家姑母叶嘉莹先生曾任教于志成中学的女校和男校；家父叶嘉谋先

◎ 2017年3月下旬，叶先生和南开大学的张静教授（左二）、闫晓铮老师（左一）、侄女叶言权（右四）、侄媳赵欣（右三），同35中的朱建民校长（左四）以及其他教师们在校史纪念馆“志成楼”前合影

生、家伯父叶嘉穀（家父之堂兄）先生均曾就读并毕业于志成中学；家父叶嘉谋先生继家姑母叶嘉莹先生之后，也曾任教于志成中学（新中国成立后改为“35中”），20世纪60年代初调往北京市崇文师范任教，后又被调到北京农业大学附属中学任教；我的三姨父赵啸先生“文革”前曾任35中书记，“文革”后调任崇文区教育局；我的三舅妈魏金华老师是35中数学教师，直至退休；家兄叶言枢为35中

68届高中毕业生（俗称“老高一”）；表弟杭松杰和表妹杭婧（魏金华与我三舅之子女）也都相继毕业于35中。说实话，像我家这样与这所学校渊源之深的，可能世属罕见。

由于以上渊源，我曾于2017年3月和2018年3月两次带领日本的大学生（日本“五星奖”游学团）前往35中参观访学。

2017年3月20日左右，姑母叶嘉莹先生自天津到北京出席活动，我向她讲述了我带日本学生访学35中新校舍的观感，并转达了时任校长朱建民先生“希望叶嘉莹先生有机会能够回到‘志成’来看一看”的邀请，叶先生答应了。我从中协调完以后就带学生们离开了北京……后来有一天，叶先生在京参加了中央电视台“朗读者”节目的录制，直到深夜。第二天上午叶先生便来到了阔别已久的“志成中学”（北京第35中学），此时，距她1948年离开这所学校，已经相隔了七十载。参观结束，叶先生还与35中的老师们在学校食堂一起共进了午餐，然后直接返回了天津。

第三节　老宅被拆

“文革”结束后，北京市从1978年开始落实政策，腾退“文革产”。可是我家的房产却迟迟得不到落实，西城区房管局有一位副科长，当年“文革”初期就是他来我家丈量房产面积的，他先是对我父亲说：“我对你们叶家的房产非常了解，数量多，而且产权人又不同，所以建议你们不如把房产汇总为‘叶氏祖产’一起办理，比较容易办理。”我父亲跟姑母和我叔叔商量以后，决定“听从政府意见”，便“申请叶氏祖产落实政策”，可是泥牛入海没了消息。直至20世纪80年代初，在我和家叔不停地追问下，那位副科长才告诉我们：“叶家在北京的房产加在一起太多，超过了五、六十年代的‘社会主义改造’标准，所以只能先补办‘改造手续’，才能谈落实政策之事。”如果依照他们新的说法办理，我家就只能剩下几间“文革”初期的“自住房”了。而当时我们这一代人还都很小，况且他们说“将来等你们这一代长大了，需要房的时候，国家会把代管的房子退还给你家”，所以那时我家没有留下几间房。

下面记述一下我家另外两处房产的遭遇。

1983 年，我和家叔才打听到：在 80 年代初期，西城房管局已将我家一处房产中的二分之一，卖给了中国革命博物馆，也就是现在的国家博物馆，那是我祖母在去世前为子女们购置的四个小院，共 28 间半（半间是厕所）。

1983 年 8 月，我大学毕业返回北京，房子的事情还没有办完。要知道，天安门广场东侧的建筑，原是由中国革命博物馆和中国历史博物馆两家组成，“文革”后改组为一家“中国历史博物馆”。我跑到中国历史博物馆去询问当年的事情，可是博物馆的人员告诉我说：是“革博”时代的事情，与“历博”无关。几经周折，终于在姑母的大学同学史树青伯伯的协助下，找到了当时购买我家房产的办事人员，他给我讲了整个过程，并说问过西城房管局“此房是否有房主?”西城房管局很确定地回答：“这是‘无主房’!”我听后就去西城房管局交涉，此时那位副科长已经退休，换了一位科长，说自己不了解情况，听我介绍经过以后，他说：中国历史博物馆是“中央级单位”，我们西城房管局才是一个“区级单位”，我们管不了人家，无法让人家退还产权。1983年12月，在于蓝老师的感召下，我进入了组建不久的北京儿童电影制片厂工作。1984年8月，北京举办“英国电影回顾展”，1985年3月又举办了“法国电影回顾展”，这样的影展虽然都不对外售票，只限电影界和文化界内部购票观摩，但是社会上想观看的人有很多。由于工作关系的便利，我多买了两套票，送给了那位科长。那时我每个月的工资只有55元，而一套电影票就要30多元……1985年5月，那四个小院的产权终于一起得到退还。

另外，2007年10月4日叶嘉莹先生在中国台湾应“洪建全文化基金会”之邀，做过一次有关“精卫情结”的演讲，于最后部分中讲到了抗战胜利后国民党政府的腐败——“五子登科”“劫收大员”…… 也讲到了我家在北京西安门大街的一处房产之事。正如叶先生所述，此院落在“卢沟桥事变”之前，是我大爷爷（祖父之兄）以兄弟二人名义所购，由我伯父（家父之堂兄）经办的手续，面积约是“察院老宅”的4倍，近七八千平方米。1937年日本占领北京后，被征用为汽车修理厂；1945年被国民党政府定为“敌伪产”予以没收，设为“华北运输局车队”……至于一式三份的《房地契》：家里的一份在“文革”抄家时失落，北京市第一档案馆藏有一份（我曾花了数千元复印并盖章），还有一份存于西城房管局档案室（不许查阅、复制、拍照）。叶先生曾在友人的协助下，和助理张静老师进入了西城房管局档案室，看到了一份当年由聂荣臻、吴晗、张友渔三人签名的文件，只好边“朗读”边录音，回家后整理出了一份文字，文件中记载：“1945年时，国民党竟然诬蔑此处房产是我家替日本人买的，所以没收……”

2006年5月，我曾通过国侨办陈玉杰主任将“上访信”转送中央统战部。8月回京时也曾直接赴中央统战部面谈，接待我的一位副处长非常热情认真负责。由于中央统战部的过问，西城房管局终于给出了答复：“据查，坐落在北京市西安门外大街察院胡同23号的产权已经发还……”看得我瞠目结舌，要知道“察院胡同”根本不在西安门外大街，而是在西长安街！上面还注有“如有异议，须在一个月内向北京市城建局提出”。同年12月我又回京，好不容易找到了位于海淀区五路居附近的办公地点，提交了材料…… 也并无太多意外——“西城房管局的答复没有问题”。

被日本人抢占，被国民党政府诬陷……竟不知何日才得以平反昭雪。

我对叶家房产比较熟悉的原因，是因为我自小就跟着母亲到处去收“房租”，给住户办理修缮房屋事宜，“文革”后的那段时间，哥哥和姐姐都还在东北兵团，家里这一代人中只剩了我这个劳动力。

上述事情，只是有关我家房产中的其中一两件。其他房产也都是经叶先生的多年努力，获得多位国家领导人的关注与批示，以及许多崇敬叶先生的人士帮忙，才得以收回产权的。产权是收回来了，但是却无法搬迁住户，比如察院老宅直到2003年被拆毁前，还留有不少住户。

据我所知，叶先生自1979年第一次回国讲学时，就一直想重修老宅。叶先生在《我与我家的大四合院》有过这种想法的表露：

正如邓先生大作中之所叙写，我家故居中的一种古典诗词的气氛与意境，则确曾对我有过极深的影响，这所庭院不仅培养了我终生热爱中国古典诗词的兴趣，也引领我走上了终生从事古典诗词之教学的途径。面对这一所庭院即将从地面上消失的命运，我当然免不了一种沉重的惋惜之情。其实我所惋惜的，还不仅只是这一所庭院而已，我所惋惜的乃是这一所庭院当年所曾培育出的一种中国诗词中的美好的意境。我曾梦想着要以我的余年余力，把我家故居改建成一所书院式的中国古典诗词研究所，不过事实上困难极大，问题甚多，这决非我个人之人力、财力之所能为。我对此也只好徒呼负负了。不过，我个人愿以古典诗词之教学来报效祖国的心意，则始终未改。

无奈先是没有产权，后来好不容易收回了产权，却又收不回房屋，而且还被告知这一片地区已被规划，云云，直至2003年因“迎接奥运会”被拆毁了。在这期间，听说察院胡同23号已被北京市政府指定为新一批“文物保护单位”，但市、区两级政府始终都没有来得及给挂上那块“文物保护单位”的铜牌。

当时有一位名叫华新民的法裔女士，奔走在北京的大街小巷，呼吁保护胡同，保护四合院。察院胡同老宅被拆毁时，她就在现场。她给叶先生写了一封信，现转引几节于下：

叶嘉莹教授：

刚才，他们过来了，开着铲车，把您近200年的家和您的邻院一起撞倒了。那张着大口的锋利的铲斗，把一堵

◎ 被拆毁前的察院老宅外院南房

◎ 2003年察院老宅被拆毁时的情景

堵的墙抓起来，又摔到地上。还有高大的红门，被撞飞到半空。还有邻院那棵粗壮的核桃树，喀嚓喀嚓地响着，撅折了。只半天的工夫，那里就只剩下一地的碎砖。铲车开走之后，几位农民工立刻凑了过去，希望能侥幸捡到几块完整的砖瓦，不少是刻着图案的，拿去卖钱。

他们推平了您的家——察院胡同23号，一个在去年就被列在保护名单上的清代老宅，一座承载着数代人情感和心血的四合院，一个被上千场风雨侵蚀过的令人感动不已的古迹，一个国际上享有盛名的学者在北京的根。

……

您家这座宅子我曾经去过多少次，带去过多少中外朋友。正是他们的赞叹声让我萌生了举办“留住四合院——北京之魂摄影展”的念头。我还清楚地记得那古老和美丽的一切：纸窗格，透着沧桑的很久没有漆过的木头，院子里的槐树、枣树、椿树和苹果树，落了一地的叶子。

我又想到邓云乡先生数年前一篇描写23号院的作品：《女词家及其故居》，其中这么说着：“这本身就是一幅弥漫着词的意境的画面。女词家的意境想来就是在这样的气氛中熏陶形成的。”他说到“庭院深深深几许”，提到您的诗句“谁知散木有乡根”。

然而这幅画面已被永远地毁灭了，您的乡根也被铲车撅断了。我知道读到这封信的时候您会难过，但您迟早会知道所发生的事情，所以就写了。在去年的那几个月里，我经常安慰和鼓励您，但现在是别人来安慰我了，因为我哭了。

我感到悲哀，不单是为了您的祖宅——北京西城区察院胡同23号。

华新民

2003年8月1日

（案：此信引自网络）

北京社科院文学研究所的傅秋爽教授是我的大学同

学，她的一些年纪轻的同事外派出国时，会因孩子年龄较小而带同出国。这些孩子们在国外整天看的都是英文的动画片与读物…… 她不希望这些小朋友们将来回国后对祖国的经典文化一无所知，于是在最近 2020 年新冠肺炎疫情期间，她给这些同事的孩子们寄送了一批有关叶先生讲授诗词以及介绍叶先生的书籍，期待他们能够感受到中国诗词之美和吟诵声音之美…… 据说孩子们都很喜欢。由于看到书中的“察院老宅”插图，她在与同事的微信聊天时，写下了这样一段文字：

我们从在大学时，到北京就经常聚在这里。毕业了，同学们留言、留信、留物也都放在这里，由他们传话、转交，是大家共同的驻京办。叶先生的弟弟、弟妹都是老北京人，古道热肠，礼数周全，我第一次吃春饼就是在这里。多少年来无论什么时候，一个电话打过去，每次老人们都能马上听出你的声音，叫出你的名字、工作单位，问家人们好，邀请你到家来，这就是察院胡同 23 号，叶先生祖宅的主人们。叶嘉莹先生侄儿是我同班同学，也是少有的热心肠。这样一个承载着很多人美好记忆的祥和的院子终究被铲平了，任你如何抗争。每次我经过那里，心中都隐隐作痛，这其实也是很多熟悉察院胡同 23 号的人们的共同记忆和感受。

第三章

叶先生第一次回国时的片段

第一节　我的小学与中学时代

姑母在不列颠哥伦比亚大学的工作稳定后，终于将家祖父从中国台湾接到了加拿大。1970 年 10 月，中国和加拿大建立了外交关系，叶先生便萌动了寻找北京家里人的念头，但是由于种种原因，姑母担心给家人添麻烦，一直不敢给家人寄信。家祖父于 1971 年 1 月因患脑溢血住进医院（直至同年 2 月 10 日于温哥华去世），姑母才下决心邮寄出了第一封信，地址书写的还是我家在北京的老门牌——察院胡同 13 号。尽管那时我家的门牌早已变更成了新门牌“23 号”，但因我家从未搬过家，那封信便顺利寄到了。至于我父母是什么时候收到那封信，我却完全不知，因为那时我母亲是北京第 33 中学的数学老师，而我在1968年因“按地区分片入学”已经成为了北京第33中学的学生。我小学考入的是当时北京（也可能是全国）唯一一所由高教部直接管理的“十年一贯制”的学校——北京二龙路学校分校（即小学部，地址在大木仓胡同，教育部的东侧），而不是“按地区分片入学”的小学。当年，凡收到“国外或海外来信”的人必须向上级汇报，否则就是“欺瞒组织”“对组织不忠”。我父母也不例外，立即向各自所在学校进行了汇报，却没有告诉我，担心我得知后会产生思想负担。

果不其然，他们担心的事情发生了——“文革”爆发以来，北京市的高中都停止了招生，学生们初三毕业后都要上山下乡或被留城分配工作，而且一个家庭只能留一个孩子在父母身边。因此，我的哥哥和姐姐为了将来能够把我留在父母身边，他俩都去了“黑龙江生产建设兵团”，作为“老高一”的哥哥去了齐齐哈尔附近的甘南，“老初一”的姐姐去了兴凯湖。记得同一天，上午我跟着哥哥去永定门火车站送走姐姐，下午又一个人去同一个车站送走了哥哥。我当时刚上初中一年级，还不到13岁，那时我的个子还比较矮（坐在班里的第一排），当火车拉响汽笛，车轮开始转动，我突然号啕大哭起来，钻过了警戒线，追着哥哥乘坐的火车向前跑，直到火车不见了踪影……每当想起当时情形，我还都会眼眶湿润，直到今天！1971

年春天，北京市突然决定恢复高中招生，并从“七一届”开始改为春季毕业，所以我的初中生活多了几个月，同年 12 月底才毕业。但是当时能够上高中的名额有限，要求“自愿报名，领导批准”。我小学和初中时的学习还不错，喜欢看书，所以也报了名。记得从小学开始，喜欢描红字、画画、打乒乓球、游泳、看电影，一年级的时候读过《十万个为什么》《安徒生童话》，二年级暑假时，我拿着一本《新华字典》，边查边看，读完了繁体字的《三国演义》，三年级的假期读完了《一千零一夜》《卓娅和舒拉》《古丽娅的道路》。由于“文革”开始了，四年级完全没有上，五年级仅“复学”了一两个月就毕业了。升入初中后一边开始学滑冰，一边到处找书看，毕业时已经看完了《春秋战国的故事》《山西星的传说》《北京街道的故事》《青春之歌》《欧阳海之歌》《红岩》《钢铁是怎样炼成的》《青年近卫军》《基督山恩仇记》《红楼梦》《封神演义》，以及一些“手抄本”等，凡是在那个年代千方百计能找到的书，哪怕是无头无尾的残书，也都通宵达旦地读，这在当时就算读书不少的了。我喜欢上语文课和数学课，不喜欢英语和农业基础知识（现在应该是“生物”）课。我从小就不喜欢“要求政治进步”，小学二年级的 9 月 27 日才加入“中国少先队”。那时刚刚开始执行“全民少先队”的指示，我们班二十几个小朋友中，只剩下了我和另外一个男同学还不是少先队员。“文革”开始后，我又因出生在房产主、资产阶级知识分子、有“海外关系”（后又转为了“国外关系”）的“黑五类”的家庭，不能参加红小兵、红卫兵、共青团。每年“十一”国庆活动时，我不能参加游行方队，因为方队要从天安门前走过，离毛主席比较近，只能被允许参加“广场组字”，站在离毛主席比较远的地方。那时北京常常夹道欢迎外国首脑，周总理每次都会陪同来宾站在敞篷车上行驶过去，我虽然个子比较矮，但也不能站到第一排，因为那是“政治活动”。有一天班主任老师面对全班同学说：申请上高中的报名工作已经结束，有的同学虽然报名了，但是家里有姑姑呀叔叔什么的在美国、加拿大也不写出来，这就是对待组织不诚实，还想上高中？云云。那天回到家，我很兴奋地跟父母讲了这件“新闻”。父母听了以后什么都没说，一脸严肃地一遍一遍让我重复老师说的话，好像生怕我说漏些什么…… 第二天一早，我出门上学前，父母两个人一起跟我谈话，这是从未有过的事情，我很诧异。这时父母才告诉我：“你姑姑从加拿大来信了！”由于我和母亲同在一个学校，母亲在接到叶先生的信后就立即向学校进行了汇报，但一直都没让我知道。当天上午母亲就去学校找领导说明这一切……结果是，我没能上成高中，而且从此就连迎宾活动、国庆“广场组字”也都没有资格参加了，只能参加“国庆晚会”跳

◎　姑母叶嘉莹先生婚纱照

集体舞。说来也巧，那年的所有国庆活动都被取消了，因为发生了“九一三事件”。

在这里我要说明一下：我从小虽然知道自己有一个叔叔外，还有一个去了台湾的姑姑，那也只是“文革”前在家里的老相册上看到过，是姑母身着白色婚纱的“婚纱照”，印象中非常美。

“文革”初期“破四旧”时的一个夜晚，母亲和我将姑母的照片连同我父母的结婚照，一张一张地投入一个洗脸盆中烧掉了……直至我18岁那年（1974年）的夏天以前都没有见过姑母。所以我曾在本书的最后写了一首《姑侄情》，其前几句是“少小只于相册识，家姑往事多不知。犹记婚纱似莲座，如璧颜容明眸姿。‘文革’骤起天地变，协助母慈燃照片。当日天昏星夜下，付诸一炬随火焰。临近初中毕业际，家姑音讯隔洋悉。海外关系成因由，致我十六学徒去。”

姑母的这张婚纱照，是后来姑母带回来的。

更有甚者，1971年12月下旬我接到通知，我被分配到西城区摩托车场，这是一家“区属集体所有制”的运输场。摩托车也就是“三轮蹦蹦车”，分为客运和货运，客运蹦蹦车相当于出租汽车，也就是现在的“的士”。后来，对于那些老司机，我戏称“骆驼祥子的后代”，因为他们在新中国成立前差不多都是拉洋车、蹬三轮儿的劳动者，可想而知这是一个怎样的单位。家庭出身好的同学都被分去了“全民所有制”的国营大工厂和企业，像我这样家庭背景有问题的人只能被分配到“集体单位”。不过当时我心想：能去开车也不错，而且毕竟现在是“工人阶级领导一切”的时代。我自小学三年级开始学骑自行车，从来都不喜欢按车铃，但自从做起了“开车梦”，想着自己将来如果开上了车，势必需要按喇叭，必须从现在开始养成按喇叭的习惯，于是再骑自行车时就不停地按车铃。1972年1月3日，我兴冲冲地到西城区摩托车场去报到，不想我既不能去车队开车，又不能进维修车间修车，因为这也讲究个“家庭出身和家庭背景”，万一我心怀怨恨，在路上开车撞向首长们的车呢？或者修车时故意从事一些破坏活动呢？所以我被分配到了机加工车间，学习钳工和车工（开车床）制作零件，从三年学徒到出师成为一级工，再升为二级工带徒弟，一干就是八年。

1975年夏秋的一天，当时我所在的西城货运摩托车场（1973年下半年，原西城摩托车场分割为“客运”和“货运”两个单位）召开全场青年大会，领导宣布新的“工农兵大学生”的招生规定，内容大体是：自愿报名，不论出身，只看表现，再由单位领导审批推荐……听得我全身为之兴奋起来。我第一个就冲进了负责人事的“政工组”房间，对着政工组长说“我要报名”，但是却被对方冷冷的表情和一句话给噎了回来，“像你这样家庭背景又有‘海外关系’的人，这辈子都甭想!”说实在的，他的这句话对我的打击很大，直到1977年秋传来恢复高考的消息时，我仍心存疑虑，不敢相信真的可以不用通过所在单位领导的审批，就能自由地去报考。

第二节　姑母归来

1974年夏，姑母第一次回国时，提前写信向家里告知了行程，应该是下午飞抵北京。那天，我父母和正好回京探亲的姐姐还有我叔叔四人一起去了北京华侨大厦迎接，留我在家等候，可是一直等到天都黑了，也不见踪影，也没有办法联系。听说以前我家有过电话，1958年秋我大爷爷去世以后，因为电话的费用相对于当时的工资收入来说很贵，就取消了。等到晚上7点左右，我家居住的地区忽然停电，我就出门去了朋友家。等到我九点钟左右回到家里时，才知道姑母已经回来过了，所以姑母在《祖国行长歌》中所记述“……家人乍见啼还笑，相对苍颜忆年少，登车牵拥邀还家，指点都城夸新貌。……西单西去吾家在，门巷依稀犹未改，……入门坐我旧时床，骨肉重聚灯烛光，莫疑此景还如梦，今夕真知返故乡……”的情形，我没有在场。

姑母那次回国时，必须先从加拿大飞抵香港，然后从罗湖入关，乘火车至广州，再从广州飞北京……尽管如此劳顿，还给我家带来了一台14英寸的“松下”牌彩电，而且是那种带有自动搜索频道功能的。姑母知道我会滑冰，专门给我带来了一双加拿大产的打冰球用的冰鞋。这

◎　1974 年，叶先生与笔者游览北京十三陵水库

双冰鞋很漂亮，黑色的鞋面和鞋帮，白色的鞋底，冰刀的前后各镶有一个白色的塑料包头，它恐怕是当时北京的唯一，很多年间都是什刹海冰场的一道风景线；还给我买了一件当时既时髦却又稀有的蓝色尼龙绸面的腈纶棉上装，我再戴上一顶当时最为“高大上”的羊剪绒皮帽，看上去很是潇洒。可惜我那时没有机会穿着那双冰鞋照张相！

在接下来的日子里，我陪同姑母游览了许多北京的名胜古迹，还去了动物园、陶然亭、美术馆……因为姑母

◎ 1981年冬，笔者身着姑母送的腈纶棉上装在天津北宁公园

原是“大家闺秀”，1948年离开北京南下结婚前，也没有去过很多地方，况且与三十多年前相比，北京的变化确实也是相当大。后来又去到大庆、大寨、延安、西安、上海、杭州、桂林、广州等地，尽管当时正在处于“文革”中，但她是一个目睹过羸弱旧中国的腐败没落和在台湾经历过“白色恐怖”的人，当她亲眼看到新中国发生了翻天覆地的变化时，她心里进行比较后所产生的那份感慨，或许是今天的人们所难以理解的。所以回到加拿大之后，姑母发自内心地写下了那首《祖国行长歌》。

记得姑母从大寨乘火车返回北京时，我和姐姐到北京站去接她，那时的北京站不许接站的人进入站台，我们只能在出站口等候。姑母走到出站口时，穿着一身入关前在香港裕华国货商店买的藏蓝色“人民装”，还背了一顶大草帽，她自以为已经无甚特殊了，但是被车站的民警一眼就看穿她的与众不同，把她拦了下来，盘问她是从哪里来的？我和姐姐也跟检票人员好说歹说，进到里面帮她解释，说明她是早已入境国内，刚刚从大寨参观回京…… 出站后我们分析被拦下的原因：第一是她的肤色白润，与当时的国人不同；第二是她在香港买的“人民装”与内地的不同，虽然大体与当时身穿的“制服”相似，但那时内地女性制服没有腰身，是上下直筒的，可是她的“人民装”不但稍有掐腰，而且裤脚还有些微喇（即微型喇叭裤）。她回到家中就请我母亲用缝纫机帮忙把服装的这两处做了修改。

◎ 1974 年，叶先生与笔者在北京动物园熊猫馆

1974 年姑母第一次回国时，先是住在华侨大厦，后来就搬回家里来住。当时，在家居住是要先到我家管片的

◎ 1974 年初秋，身着“人民装”背草帽的叶先生在延安

派出所“报临时户口”，得到批准后才可以，但那段期间，我家大门外面几乎日夜都有“便衣人员”监视，有时还会进到院门里面探头探脑。

叶先生那次原本是悄悄回国的，因为知道自己在海外已颇有声名，又因为那时她所持的还是中国台湾地方当局发行的“中华民国护照”，是以十分低调，不想让任何人知道。她还住在华侨大厦的时候，有一天我去陪她吃早饭，在餐厅里偶然遇到了写过《又见棕榈，又见棕榈》的旅美华裔女作家於梨华女士，她当年在中国也很有名，经常可以在《参考消息》上看到她的连载文章，那时她正巧也住在华侨大厦。她突然一下看到了叶先生，就凑了过来跟我们同桌吃早餐，她似乎已经来到大陆一段时间

◎ 1974年夏，叶先生与笔者哥哥言枢（右一）、姐姐言权（左二）、笔者（左一）合影

◎ 1974年，叶先生与大弟全家在她曾居住过的西屋“闺房”前（叶先生前面的是小弟之女叶雪）

了，就把一些见闻讲给叶先生听。因为她说话声音比较大，结果引起了坐在另外一张桌子的几个中青年海外游客往这边看，没想到的是，他们认出了叶先生，就都跑了过来，惊呼“这不是叶老师吗?”“叶老师，您也回来啦?”原来他们都是叶先生在北美和以前在台湾地区教过的一些学生……

如此一来，叶先生回到祖国大陆的消息，想瞒也瞒不住了。后来在台湾也掀起了轩然大波，岛内的一些报纸指责她“投共”，致使叶先生许多年都无法去台湾讲学。

此后，为了方便起见，叶先生加入了加拿大籍。待到两岸“三通”以后，叶先生再到台湾地区讲学时，报纸上又出现了“叶嘉莹回来了!”的大字标题。

据姑母说，这次回国时，因完全没有经验，而且持有的“护照”是台湾地方当局所发，在香港机场遇到了麻烦，先是不许她走出机场，后来经过很长时间的交涉，才允许她暂时出来，但扣留了她的证件，并限她24小时之内必须回来。她出到接机大厅，见到了前来接机的黄尊生老先生。黄老先生是我表姐夫李坚如（叶先生小女儿赵言慧的夫婿）的外祖父，也是一位爱好诗词的学者。叶先生向黄老先生说明情况后，黄老先生第二天就带她去找了中国旅行社的驻港机构，中旅的工作人员听完她的讲述以后，对她说：不要紧，超过24小时，只要交些罚款，就会放行的。她还是心怀忐忑，请求中旅的人翌日陪她一起去……果然交了超过时限的罚款就被放行了。因此，返回加拿大后，为了方便起见，姑母加入了加拿大籍。那次姑母给家里带来了很多东西，包括前面提到的彩电，在罗湖过关时非常辛苦。

叶先生返回加拿大以后，不久就寄来了歌行体长诗《祖国行长歌》。也许是因为诗中所书内容与自家和这些时日的生活经历有关，所以感觉容易记住，朗朗上口，于是就跟姐姐竞相背诵，看谁能抢先完整地背诵下来，一段时间里，察院胡同老宅里每日都会传出一片背诗声。

对于这首《祖国行长歌》，北大的程郁缀教授曾做过一个统计："1974 年返国探亲旅游时，所作七言古风《祖国行长歌》，长达 266 句（其中有 4 句是长句），共 1878 个字，洋洋洒洒，一气呵成，文脉畅通，一泻而下。我们知道，在《全唐诗》中，七言歌行的名篇，如白居易的《琵琶行》，只有 88 句，616 个字；《长恨歌》也只有 120 句，840 个字。《全唐诗》中最长的诗，可能就数韦庄的《秦妇吟》，长达 238 句，1666 个字；而叶先生的《祖国行长歌》比韦庄的《秦妇吟》还长 28 句、212 个字；真可谓古今诗坛罕见，令人击节称奇——诚非大手笔、大才华不能为也！"（程郁缀《大才、大师、大家——在叶嘉莹先生从教 70 周年庆祝大会上的致辞》，又见于 2018 年 6 月 10 日

祖国行长歌 二千一百四十字

卅年离家几万里，思乡情丝无时已。一朝天外飞归来，眼流泪液心狂喜。银机穿云认旧京，遥彩灯火动乡情，长街多少经游地，此日重回白发生。家人作九归还笑，相对苍颜忆年少。登车牵拥返还家，指点都城今新貌。天安门外广场开，谁信新建方雅苑，道旁遍植绿荫树，无复当日飘黄埃。西单正去吾家在，门巷依稀犹未改，空想岁月逝悠悠，半世蓬飘向江海。入门坐我旧时床，骨肉重聚灯烛光，莫疑此景还似梦，今夕真知返故乡。夜深细把前尘忆，回首当年泪沾臆，犹记慈亲亲养时，是岁我年方十七，长弟十五幼九龄，老父戚郁断消息，鹡鸰失恃紧相依，八载艰难陷强敌，所赖伯父伯母慈，抚我三人得成立。一径远嫁赋离分，故国从此隔音尘，天翻地覆歌慷慨，重晤家人感倍亲。两弟夫妻四教师，侄男侄女多英姿，喜见吾家佳子弟，辉光仿佛生庭墀。大侄劳动称模范，二侄先进增生产。阿叔侄女曾下乡，今是赤脚医生验。小雪最幼甫七龄，入学今为红小兵，努力学习勤向上，红巾一领最光荣。所悲老父天涯殁，未得还乡享此儿孙乐，又悲伯父伯母未见我归来，逝者难回空泪落。床头犹是旧西窗，记得儿时映月光，寸子光阴弹指过，飘零身世九回肠。家人问我别来事，话到艰辛自酸鼻，忆昔婚后甫经年，夫婿突遭罔罹系，台湾当年兴狱到，覆盆多少冤难雪，可怜独泣向深宵，怀中幼女才三月。苦心独力强支撑，闭户关深世上情，三载夫还承命在，刑余幽愤思难平。我依教学谋升斗，终日且谷渡糊口，强笑谁知忍泪悲，纵博虚名亦何有。岁月惊心十五秋，难言心事苦羁留，偶因兴国去来聘，便尔移家海外游。我夫第一愁眉展，祖国当刊恣意览，欣见中华果自强，阔地开天功不浅。试寄家书有报章，难禁游子喜欲狂，萦心卅载还乡梦，此际终能夙愿偿。归来故里多亲友，探望殷勤情意厚，美味争调饮远人，更伴悠游共携手，陶然亭畔泛轻舟，昆明湖上柳条柔，公园北海故宫景色俱无恙，更有美术馆中工农作品足风流。郊区厂店亦稀比，处处新献风景异，旗野葱茏黍稷多，公社良田美无际，长城高处接浮云，定陵墓殿郁轮囷，千年帝制兴亡史，从此人民做主人。九日游观泽忘倦，乘车更去昔阳县，争说红旗天下传，再闻何似当今见。车站初迎宋立英，布衣草笠笑相迎，风霜满面心犹火，劳动人民具典型。昔日荒村穷大寨，七沟八梁唯石块，终时不雨雨成灾，饥饿流亡年复代。一从解放喜翻身，永贵英雄出群际，老少同心夺胜利，始知成败亦由人。三冬苦战狼窝掌，凿石锄冰拓田广，百折难回志竟成，虎头山畔歌声响。于今瘠土变良畴，岁岁增粮大有秋。迎送频闻汽车疾，滚滚新建到山头。山间更复植苹果，桃李初放红颗颗。幼儿园内笑声多，个个颜如花结朵。革命须将路线分，不因今富忘前贫，教今敢育海中地，留与青年忆苦辛。我到所怀程期急，片羽观光足珍惜，万千访客道径来，定有精神蒙洗涤。重返京城暑渐消，凉风起处觉秋高，家人小聚终须别，游子空悲去路遥。长弟多病最伤离，临行不忍送登机，叮咛唯把归期问，相慰归期定有

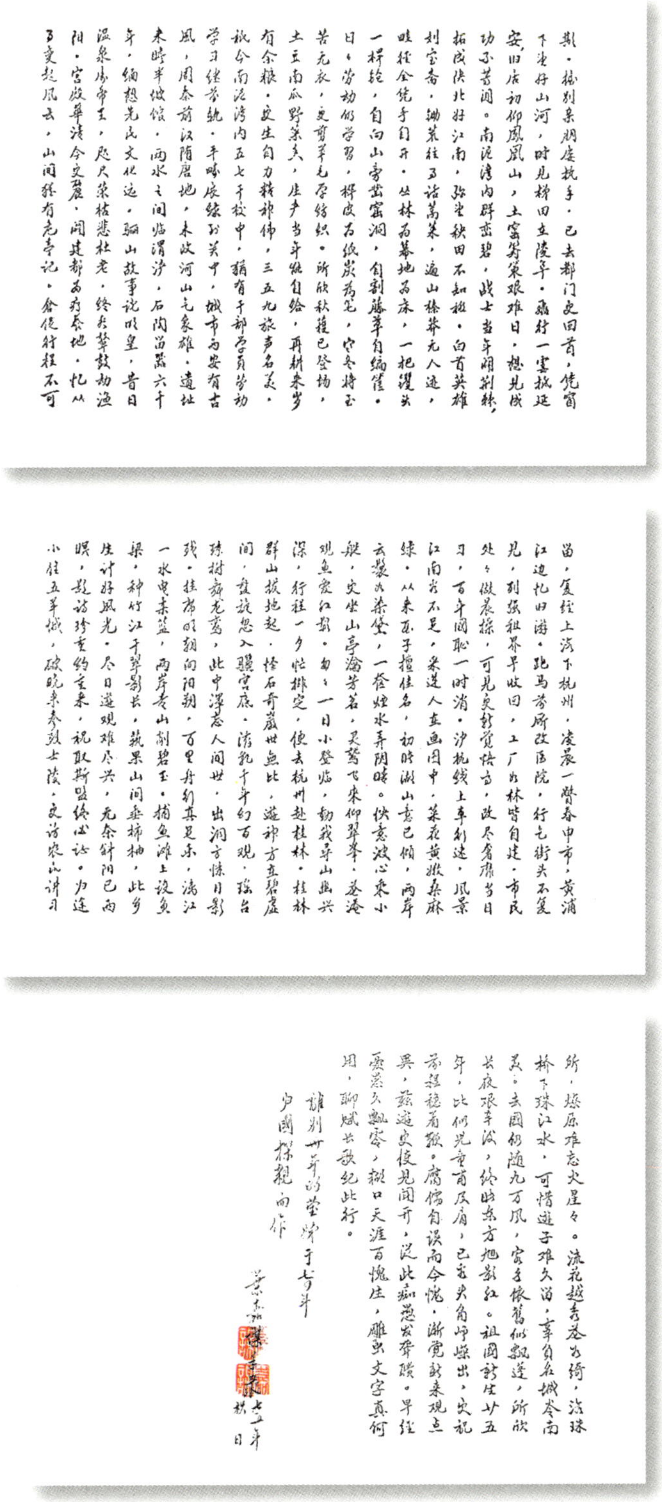

◎ 家父于1975年秋以小楷抄写的《祖国行长歌》

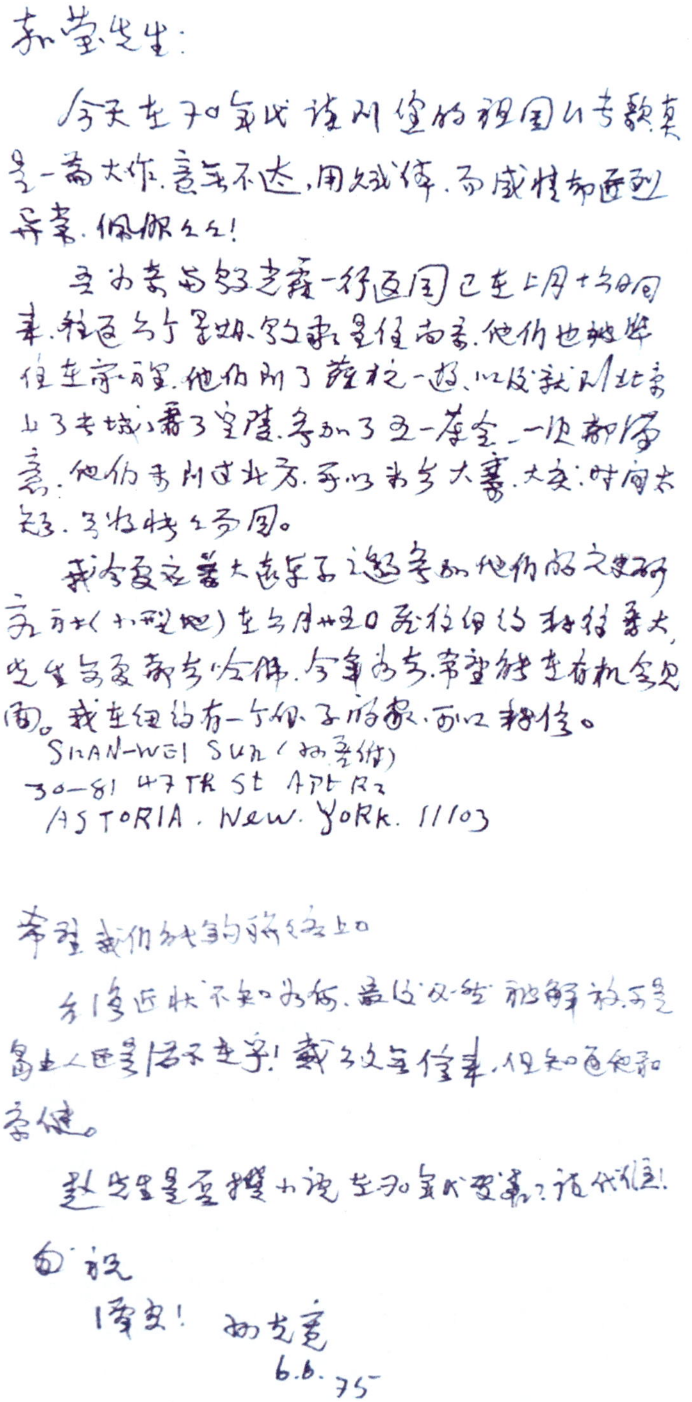
嘉莹先生：

今天在加拿大快报读到您的祖国行长歌，真是一篇大作。意无不达，用字精炼，而感情都达到异常。佩服之至！

去年秋天南部之盛一行返回已在上月十号回来，能在七个星期的时间里，他们也都曾住在家里。他们看了学校一趟，以及到北京山了长城，看了皇陵，参加了五一庆会，一切都满意。他们未到过北方，所以未能大看，大家时间太短，只好将来再回。

我今夏应普大东亚系之邀参加他们的文史研究计划（小组地）在今年六月廿五日返回纽约，往普大，先生与夏教授公开。今年如未常能来，有机会见面。我在纽约有一个侄子的家，可以转信。

SHAN-WEI SUN（孙善伟）
30-81 47TH ST APT R2
ASTORIA. NEW. YORK. 11103

希望我们能早日相见

台湾近状不知如何，最近见报，确解放台湾是岛上人民众所不盼望！我们已没有信来，但知道他们安健。

赵先生是否授小说在加大授课？请代候！

匆祝
俪安！ 孙克宽
6.6.75

◎ 1975年6月，孙克宽教授写给叶先生的信

“迦陵学舍”公众号）

最近，叶先生找到了当年台湾东海大学孙克宽教授写给她的一封信，并立即与我通话，嘱我将其中部分录于文内。孙教授专授“诗学”课程，于 1975 年 6 月 6 日在信中写道：“嘉莹先生：今天在《70 年代》读到您的《祖国行长歌》，真是一篇大作，意无不达（按：通“达”），用赋体，而感情却迸烈异常，佩服佩服！……”

在这里我要说明的一点是：迄今世人只是评论《祖国行长歌》的长度乃前所未见，殊不知该作品是叶先生时隔 30 年终于回到祖国，亲眼看到贫瘠羸弱、任人宰割的祖国发生了翻天覆地、屹立于世界民族之林的巨大变化……返回加拿大后，仍然终日情有所衷，激动不已，梦魂萦绕，有时是在睡梦中，有时是在开车，有时在是看牙医……都会不由自主地浮现或流淌出几句。叶先生自己谈到《祖国行长歌》时说，是“顺着我的感情一句一句跑出来的”。应该说这实在是一首记录真实且发自内心“兴发感动”的诗作。

1976 年 1 月，周恩来总理逝世。中国驻联合国代表团要为周总理举行追悼会，筹备组半夜给叶先生打来电话，请她撰写挽联。记得她曾给家里寄来过北美中文报纸关于此次追悼会的复印件。看完以后，我逢人就说：联合国为周总理举办追悼会的挽联，是我姑姑写的！

由于年代久远，记不太清了，就在2020年4月，我向叶先生求证了此事，96岁高龄的叶先生用电脑邮件回复我说：“周总理的挽联是总理逝世时联合国周总理追悼会筹备组半夜打电话，让我撰写的。”又让秘书可延涛老师将“周恩来总理追悼会专刊”拍照发给我。

专刊是1976年1月18日美东各界联合筹备会印发的，正中是周总理的遗照，上方是套黑的“周恩来总理典范长存”九个大字，左右是叶先生撰写的挽联，上联为“革命为人民求解放，尽瘁忘身，不恤忧劳终一世”，下联为“运筹为举世拓新机，折冲樽俎，长留功业在人间”。

在周总理逝世一周年时，叶先生填写了一首《金缕曲》以为悼念：

《金缕曲·周总理逝世周年作》

万众悲难抑。记当年、大星殒落，漫天风雪。伫立街头相送处，忍共斯人长诀。况遗恨、跳梁未灭。多少忧劳匡国意，想临终、滴尽心头血。有江海，为呜咽。

而今喜见春风发。扫阴霾、冰澌荡尽，百花红缀。待向忠魂齐献寿，怅望云天寥阔。算只有、姮娥比洁。一世衷怀无私处，仰重霄、万古悬明月。看此际，清光澈。

第三节　姑母给我的第一封信

姑母自1974年第一次回国后，差不多是每个月必有一封来信，信封上一直写的都是“叶嘉谋先生 收”。但是，从1976年春天开始有两三个月未曾来信，家里人甚是不放心。初夏的一天，邮递员在老宅院门外喊：“叶言材，拿图章，国际信件！”那时候收国外信件是必须盖图章的，可是我当时还没有图章，就拿了父亲的图章跑出去盖上了。一看信封知道是姑母的来信，而信封上的收

◎ 1977年夏，叶先生第二次回国时与大弟弟叶嘉谋先生（右一）、小弟弟叶嘉炽先生（左一）三人合影（摄影：赵言慧女士）

件人却写的是我的名字，心里觉得很奇怪，没有拿进院子就拆开看了，读后才知道我的大表姐言言和表姐夫在去滑雪的途中同时罹难。姑母在信中还嘱咐我：你父亲心脏和血压都不好，可以告诉你母亲，但是先不要告诉你父亲，待适当的时候再告诉他。我跟母亲商量后还是立即告诉了父亲，最后父亲决定由我来给姑母回信，理由是“以免你姑姑再担心我”，就说按照她的意思现在还没有告诉父亲……

1977 年夏季，叶先生和我姑父赵钟荪先生携他们的小女儿我的表姐赵言慧一起回国，为了将我祖父的骨灰安葬在北京，我们到处去寻找墓地，最后决定寄存在北京万安公墓的骨灰堂。

那一年，“文革”已经结束，而且经历了1976年“四五”天安门事件，他们在旅行途中，经常看到人们手执《天安门诗抄》或《唐诗三百首》等诗集，于是叶先生便萌生了回国教书的念头。

第四章

南开记忆

第一节　结缘南开

1979 年春，叶先生经国务院外国专家局和教育部的安排，登上了北京大学的讲堂。初夏又去了南开大学，从此便与南开结下了数十载的缘分。

1979 年 9 月，我也考入了南开大学中文系。参加高考前夕，曾遇到过北大和南开的老师，分别对我说："考我们学校吧。"

我因没上过高中，所以数学不好，1977 年高考时四门科目总分 246 分，数学 0 分；1978 年数学 6 分。1977 年恢复高考时，规定中只是"自愿报名"，而 1979 年忽又设立了一大堆不利于在职人员参加高考的规定，不仅在年龄和婚姻方面设卡，而且重新要求"自愿报名，领导批

◎ 1979 年 4 月叶先生第一次到南开讲学时，与校长杨石先先生（前排右二）、外文系主任李霁野先生（前排右一）、中文系主任朱维之先生（前排左一）等人的合影

准”，致使许多有志青年无法报名参加高考，我也险些难过此关。因为单位不批准我报名，我只好四处“上访告状”，直到报名期限已过，也未能成功，就连西城招生办的负责人也非常同情我，许诺说：“只要你上访成功，一旦单位批准你了，不管什么时候我们都会给你报名！”那段时间搞得我精疲力尽，无心复习。眼看高考临近，绝望之时，峰回路转，上级领导部门批准了我参加高考。但是我数学才考了 11.5 分，还放弃了英语考试。不料我的总

分还是超过了那年北京市的“重点大学录取分数线”，所以在填写志愿期间，我征求姑母的意见，应该报北大还是报南开？姑母对我说“报南开吧”，因为她认为南开的老师们和学风都很不错。其实我从出生就没离开过北京和家，一直都想离开父母身边到外地去，这下正中我的下怀，可以托辞于“姑姑的指示”。后来，南开园里还流传起一个“谣言”：叶言材没有参加高考，是中央某位首长特批走后门进入南开的，云云。

◎　1982年1月，叶先生结束在南开为期半年讲学离开天津时，与前来送行的外事处逄诵丰处长（前排左二）和中文系古典文学教研室老师们一起合影留念

我是1983年8月从南开大学毕业的。在校期间，叶先生曾于1981年9月至1982年1月到南开来讲学。每当她晚上讲学的时候，主楼111大阶梯教室都不仅是座无虚席，甚至是无立锥之地，除了我们中文系的学生，还有其他系的，甚至外校的。叶先生讲课时，喜欢旁征博引，她常说是“跑野马”，经常会讲到南开大学响起“熄灯号”才结束。

那时，姑母的身体也不是太好，而一旦加拿大那边放假，她就会自费乘飞机跑回国来，不辞旅途劳顿，大江南

◎ 1982年1月25日，叶先生在北京与家里人一起过春节（左起：姐叶言权、叶先生、家父叶嘉谋、兄叶言枢、兄嫂赵欣、家母杭若侠、笔者、姐夫郝伟光。摄影：赵言慧）

北到处受邀讲学。1983年5、6月间，叶先生回国讲学之前，腿肿得很厉害，在加拿大的时候看医生，他们给她用了脱水药，用药了立刻消肿，可是过后就又肿了起来。尽管如此，她还是忍着病痛，乘十几个小时的飞机回到北京。为了她的身体健康，我母亲动员她学习一种“鹤翔桩”气功。“鹤翔桩”分为五节动功（类似体操）和一节静功，静功即人们常说的“自发功”，也就是令自己身心完全放松，不加任何意念，顺其自然，任由内气游走全身脉络，带动身体呈现出种种不可思议的动作，从而起到自己治疗自身病患的作用。姑母在北京只能停留一个星期，练习到最后一天，在我母亲的一位窦姓老同学（“鹤翔桩”的辅导员）的指导下，出现了“自发功”。就在当天晚上，姑母仍需坐火车去外地讲学，上车时腿还是肿的，原本以为坐夜车腿会肿得更加厉害，可是不料半夜腿肿竟然消了……从那以后，叶先生几十年来每天晚上睡觉之前，只要有时间就会练练鹤翔桩。我猜想姑母之所以至今身体还比较健康，很可能跟练气功有些关系。我也曾因病从1982年暑假开始练过“鹤翔桩”，所以直到去年，姑母有时仍会问我现在还练不练？并说：“看来只有我是一直坚持练的！”

第二节　鲁德才老师

在南开大学的师长中，鲁德才老师是我见到的第一位。1979 年，叶先生第一次到南开讲学时，鲁老师是中文系古典文学教研室负责人，因此跟叶先生接触得比较多，我就是那时到天津与姑母商量报考大学之事的时候，第一次见到鲁老师的。

鲁老师 1949 年参军，1956 年以调干生身份进入南开大学中文系学习，1960 年毕业留校，专攻中国古代小说。鲁老师为人正直，待人热情真诚，常以助人为乐，喜欢打抱不平，加之鲁老师的夫人是天津解放军 271 医院的医生——尚大夫，在此后的很多年月，只要叶先生来到南开，鲁老师和尚大夫经常会到外面的宾馆或校内的专家楼看望，嘘寒问暖，无微不至。哪怕是已经不再做古典文学教研室负责人以后的鲁老师，依然会主动询问叶先生在教学和生活方面是否有何不便或需要帮忙的地方。

那时叶先生在天津已成为“名人”，社会各界的一些人士以结识叶先生为荣，鲁老师一方面担心这样会影响叶先生的研究与休息，一方面担心社会人际的复杂，常会劝阻叶先生不要什么人都见。

大学四年级时，要写“毕业论文”，而且被要求必须在几月几号前自己寻找一位指导教师。我是南开“七九级”的，1979 年 9 月入学，1983 年 8 月毕业，在这四年里，鲁老师没有给我们年级上过课，所以我一开始没敢去麻烦鲁老师。但可能是因为我想写的题目在当时比较“前卫”，或者是因为有一些老师对我有看法，抑或是因为我是叶先生的侄子……总之已经快到期限了，我都还没能找到一位愿意指导我的老师。不得已，我只好去鲁老师那里诉苦，想请他出面帮我介绍一位指导教师。听我诉说了情况以后，鲁老师问我打算写什么内容？我说是有关小说“比较文学”方面的。其实就连“比较文学”这个名词当时在国内都还很少听说，只是知道国外兴起了这样一种研究，但是具体如何比较也还不甚清楚。鲁老师不假思索地说：“我来指导你！”后来，在鲁老师的指导下，我完成了有关 15 世纪中国冯梦龙笔下的杜十娘与 19 世纪法国小仲马笔下的玛格丽特（茶花女）的比较，题目是《同一命运的两个女性》。总算能够顺利毕业，没有给姑母叶先生丢脸。

记得 1990 年鲁老师被公派到日本东京大学教学时，我去东京看望他，在东大为他安排的宿舍里住了两天。我发现与南开为叶先生安排的住处相比，东大为外国老师所准备的宿舍条件实在太差，房间不仅破旧，而且满地跑蟑螂，看得我心里十分难过。所以，从那时起我就认为：日本的大学不具备“国际交流”的条件，特别是不具备跟中

◎ 1988年春，笔者与郝世峰老师（中）和鲁德才老师（右）

国的大学进行交流的条件，太西化，太傲慢。那时中国被公派到日本的老师收入并不低，但是返回国内后，还需将大部分的收入上交给学校，因此外派期间生活都十分节俭。我当时已经在北九州大学任教，就请鲁老师去了一趟“迪士尼乐园”。尽管我也是第一次去迪士尼，到处都不熟悉，也还是陪鲁老师将迪士尼几乎转遍。我至今都清楚地记得，当傍晚我们即将离园返回东京前，正好观看了“花车游行”，听着园中循环播放的主题曲《It’s a small world》（小小世界），鲁老师的双眼淌出了两行热泪。我问为什么？他说：“这音乐多么美好，多么祥和呀！”其实我们都不懂唱的歌词内容，可见鲁老师心中所怀是多么的美好。

1991 年，南开大学邀请在加拿大已经退休的叶先生组建研究所，名为“中国文学比较研究所”（现“中华古典文化研究所”），鲁老师为了支持叶先生定教南开，坚定信心，便挺身而出，答应担任副所长。从那以后，通过鲁老师多方奔走，研究所才在“东方艺术系”借到办公室和家具，安装上了电话。鲁老师做完这些开拓工作以后，1995 年初因赴韩国讲学而离开。所以鲁老师是该研究所的第一任副所长。

第三节　郝世峰老师

郝世峰老师于我而言，可说是亦师亦友，我上大学时就经常晚上去郝老师家喝茶聊天儿。毕业后，每次到天津时也总会聊到夜深人静，聊时事，聊电影，聊奇闻怪事，聊诺查丹玛斯……

我在南开上学的那几年，叶先生也曾来讲学，1981 年暑假后，讲了整整一个学期。叶先生讲课时，其他的老师有的偶尔来听一下，可是郝老师基本上每节课都来。

◎ 1993年5月，郝世峰老师在日本出席学会

1993年5月，我请郝老师来过一次日本，参加“九州中国学会”。我知道郝老师是最不喜欢出席会议的，所以在学会上宣读论文以后，我陪他游览了九州的阿苏山、熊本城，还乘夜行高速大巴去了一趟东京、横滨等地。我太太曾是郝老师的硕士研究生，论文写的是《李商隐的爱情诗》。

据汪新老师（郝老师的夫人）介绍：

郝老师是河北省永清县人，赴北平就读虎坊桥小学和辅仁中学（初中），因家道中落而无钱上高中，遂去黄村上了一所免费的农业学校。北平解放后，曾经在“中央团校”学习，后南下到重庆“西南团委”，参加了剿匪和土改工作…… 调回北京的团中央后，于 1956 年考入南开大学中文系学习并留校。

因郝老师曾有过做青年、学生思想工作的经验，在南开便成为了不少前后同学们的“主心骨”。然而由于秉性刚直，思想独立，导致一生坎坷，且多年抑郁寡欢，因此对于中晚唐诗人的研究颇有心得，特别是李商隐。郝老师 20 世纪 80 年代后期曾任中文系主任。

1990 年底，南开大学外事处长逄诵丰先生，力主邀请在加拿大已经退休的叶先生在将组建的“汉语言文化学院”内成立研究所。为了创立研究所，叶先生在我陪同下亲自登门拜访郝老师，增强了信心。郝老师随即请来张菊香老师、鲁德才老师、逄处长到家商议，并讨论决定了研究所的名称——中国文学比较研究所，即现在的“中华古典文化研究所”。

由于郝老师的影响力，带动了几位退休老师加盟进来。其时，他的后任还前来指责他：你都这个年纪了，怎么还给叶嘉莹抬轿子？……郝老师一笑置之。

1992 年晚些时候，研究所正式成立，不料 1993 年 5

◎ 中日双语《中国文学的昨天与今天》

月底逄处长退休，研究所没有了经费来源，陷入困境。为了维持下去，在郝老师带领下，几位老教授不惜放低身段，给我带来的日本大学生们讲授初级的汉语会话和作文，研究所才得以坚持下来。

在90年代后几年里，根据我的提案，与郝老师、张菊香老师联合主编了一本中日双语的中国文学史，书名是我起的，叫做《中国文学的昨天与今天》，郝老师、张菊香老师任主编，我任副主编，参加编写的人员也是中日双方的多位学者。全书分为两个部分，上编为“中国文学的昨天”，包括了先秦文学、两汉文学、魏晋南北朝文学、唐代文学、宋代文学、元明清文学，下编为：“中国文学的今天”，包括了中国现代文学的萌芽期和草创期、中国现代文学的成熟发展期、关于民族解放战争时期中国现代文学的复杂过程、新中国成立至“文革”前的中国文学、“文革”时期的中国文学、社会主义新时期的中国文学、90年代的中国文学，里面包含了不少最新的成果，论述也较为新颖大胆，是一部比较适合日本学生学习的从先秦至2000年的中国文学简史。

再后来，郝老师患上了帕金森氏症…… 郝老师去世后，我每次到南开，都会觉得少了一个去处！

第四节　宁宗一老师

宁宗一老师是我见到的南开大学的第二位老师。应该是在1979年7月下旬或者8月初，叶先生已经结束了在南开的讲学回到北京，宁老师利用回北京老家探亲的时间，来到察院胡同老宅看望叶先生，当时谈笑甚欢。后来我姑母让我去给宁老师送书，我就去了宁老师在北京的老家——位于北京西单附近的皮库胡同，是在接近胡同东口的一个院子里，当时宁老师的父母还都健在，只是宁老师的母亲患有腿疾，行动不便。那时我才知道宁老师也是满族人，依稀记得他家祖籍是在宁古塔。因担心记忆有误，最近直接又向宁老师进行了确认，据宁老师说他的父亲家好像也是出身于叶赫那拉，所以在所写书法的落款处总有“长白”二字，而母亲姓金，出身于爱新觉罗，祖上曾官至“成都将军”。

1979年，宁老师时任南开中文系学术委员会主任，在邀请叶先生到南开讲学一事上，受当时的外文系主任李霁野先生和中文系主任朱维之先生的嘱托，四处奔走，协调诸事，其中就包括为向叶先生赠送纪念品，亲自持郑天挺先生等人所写信件前往北京，去面见范曾先生，求其画一幅《屈子行吟图》。之前，叶先生结束了在北大的讲学时，前来迎接她去南开的任家智先生（时任中文系党总支书记，后任南开大学党委副书记，再调任天津民航学院书记），陪她游历了香山“碧云寺”，在纪念品商店里看到了一幅范增先生所绘极其传神的《屈子行吟图》，过后听姑母说：“那幅画实在是太传神了！……”定睛一看，价格实在不菲，正欲用相机拍照时，店员已将那幅图摘下捆包，一问之下才知道，已经被旁边的一位日本游客买下了，姑母遗憾不已！还曾多次跟家里人说过此事。任先生在一旁看在眼里，一边宽慰叶先生一边告诉她：“这位画家是南开的校友，以后还有机会……”后来发生的事情，叶先生曾多有记述，不用我再多说了。那一年叶先生在南开讲学的时间并不太长，而能够在结束时接到这一纪念品，真可说是宁老师的功劳！况且宁老师那时还是在经历了“中年丧子”之痛（长子病逝于 1978 年 9 月）不久。

宁老师比叶先生年少七岁。据宁老师回忆，他曾陪叶先生去看过一场电影——王文娟主演的越剧戏曲片《红楼梦》，影片放映到中间的时候，宁老师流泪了，叶先生也

◎　1979 年 4 月至 7 月，叶先生第一次到南开讲学，离开时的纪念照（前排右起，敬称略：张红、叶先生、任家智、宁宗一、李国冀；后排右起：郝志达、王双启、郝世峰、郭奇珊、鲁德才、耿书豪）

流泪了，因为叶先生在 1976 年也经历了一场“中年丧女”之痛，借用宁老师的原话形容，“当时两人都以泪洗面”。虽然已过三个寒暑，但是可见叶先生那时还没有从阴影中完全走出来。

可是叶先生讲课时却丝毫没有显露出内心的悲痛，站在讲坛上的风采潇洒依然。宁老师说：自己因做助教时受到恩师的严格训练，练就了认真写讲稿、拿着讲稿上课的习惯，成为了一个必须拿着讲稿才能讲课的人，而叶先生是一个不拿讲稿上课的人，“完全脱稿，大开大合，挥洒自如”。

宁老师专攻元明清戏曲小说，因性格爽朗，直率健谈，而且善与年轻人交友，所以家中常似文艺沙龙。

2003 年 4 月至 2004 年 3 月我曾邀请宁老师到日本北九州大学任客座教授一年。

在上述的三位老师中，郝老师已于 2013 年 1 月病故，鲁老师现也极少露面，只有宁老师还常常出现在与姑母叶先生有关的活动场合，而且依然精神矍铄，英姿勃勃。

◎ 2003 年 7 月，与宁宗一老师在日本京都“金阁寺”

第五节　逄诵丰先生

其实在南开园里，我原还有一位可说是“忘年交”的好友——原南开大学外事处长逄诵丰先生。逄处长是中文系张菊香老师的夫婿，也是鲁德才老师、郝世峰老师、宁宗一老师等诸位师长的挚友。他对南开大学的国际交流之贡献，当真是奇大无比，特别是在“引进”叶先生的事情上，功不可没。可以说，没有他，南开大学就不会有叶先生和今天的中华古典文化研究所!

我依然喜欢称呼他为“逄处长”，他是一名老党员，忠于党的事业，热爱南开，思想相当活跃，并且很是超前，做事不拘一格，但原则性极强，对于外事政策把握得十分有度和到位…… 他酒量好，而且善美食，在他的领导与严格要求下，当时南开大学专家楼餐厅的佳肴，物美价廉，享誉天津。他做事非常有魄力，大胆地以专家楼作为抵押，从银行贷款建设了南开大学的第二座接待用楼——“谊园”，一半是留学生宿舍，一半是国内研究生宿舍，而且房间内都设置装有浴缸、淋浴的卫生间。当时这些在全国属于首创，引来了不少大学的外事部门前来参观、取经。据说后来北师大借鉴此经验，建起了“京师大厦”。

逢处长除了出差的时间以外，差不多都是在办公室里度过。我每次回南开的时候，一定会与他共进早餐，晚上都会在他的办公室聆听他对南开的畅想…… 他为南开大学，真可谓是“鞠躬尽瘁”。至今，每当我走到南开大学的“接待区”，都会仿佛看到他那仍在忘我工作的身影。

1979 年的南开大学还没有“外事处”，只有留学生办公室，那时逄诵丰先生任校长办公室的副主任，负责对外交流工作。随着外事工作逐渐增多，1980 年 4 月，南开大学组建外事处，他先被任命为了副处长（处长由校办主任石玉敏兼任），负责具体日常工作，后又在 1983 年 5 月被任命为处长。自从叶先生第一次到南开以来，他就参与了接待，一直到他退休，甚至可以说直到去世，他对叶先生都敬重有加。

◎ 逄诵丰处长

1990 年，叶先生已从加拿大的大学退休，受邀在台湾地区讲学。10月下旬，我从日本飞往上海，与叶先生和台湾淡江大学的林玫仪老师汇合。我们先去拜访了施蛰存先生，然后同乘火车前往江西上饶，出席在上饶师专（现上饶师范学院）召开的“纪念辛弃疾诞辰850周年”学术研讨会。

此次研讨会的学术气氛和中青年研究者们的好学热情，引发了姑母对于未来长期回国执教的有关思考。11月初我来到南开，在跟逄处长见面时谈及了此事。

南开大学原本有一个“对外汉语教学中心”，只是专门为各系外国留学生教授中国话的地方，没有自己的学生。1989年初，我到南开时向逄处长介绍：现在的外国学生到中国留学，是想既学汉语又学中国文化，这个“中国文化”里包含了中国文学、中国历史、中国哲学、中国民俗等，而这些都是要以“学汉语”为轴心来展开的，不需要太专太深，而是一种综合性的……没想到我这么随便聊天儿的一番话，令逄处长往心里去了，他立刻就找了中文系主任郝世峰老师和历史系主任刘泽华老师商量。当年这两个系比较难搞“创收”，在南开大学各系中是“最穷”的两个系，而外事处的“汉教中心”经济效益不错，比较富裕，逄处长甚至想以汉教中心兼并这两个系，这样可以给这两个系的老师们增加一些收入。又因为当时招收留学生是以美金计算收费，所以他还想：多招就能为学校多创汇，创汇多了，学校的领导和老师们才能有外汇经费出国交流。他的这些想法，我是后来才知道的。据说当时这两个系的主任都表示了理解与赞同，但是不久之后两位主任被免了职，此事也就搁浅了。尽管此事已无法继续，逄处长却心生了将“汉教中心”扩展为“学院”，从而具备独立招收留学生的想法，并得到了南开校领导的同意，积极向教育部提出申请，计划办一个与北京语言学院类似的“对外汉语学院”。1990 年 2 月，我带领 40 余名日本大学生到南开短期学习时，听说了此事，遂向逄处长建议，应该在名称内增加“文化”二字，改为“汉语言文化学院”，否则将来难以扩展并前行，就像一个瘸腿之人；再者，这个院长应该请在海内外有知名度和影响力的人来担任。他觉得我说的有道理，便向校领导说明，到教育部变更了申办名称。

眼见到了同年 10 月底，“汉语言文化学院”将获得审批，“汉语”部分可依托于原有的“汉教中心”，可是“文化”部分还没有着落。正当此时，我向他说及了叶先生有意回国长期执教的念头，他听后立刻就说：太好了！其实，现在“东方艺术系”的主任空出来后，还没有人选，虽然我知道叶先生在加拿大已经退休，原本想向领导推荐叶先生来当系主任，听说国内某大学打算聘请金庸先生做系主任（数年后，金庸先生受聘为浙江大学人文学院院长），但是我还是希望叶先生能到“汉院”（“汉语言文化学院”的简称）来当院长，这样“汉院”就不瘸腿了。他让我先将他的邀请之意转达叶先生，听听叶先生的意思。我跟姑母说明后，姑母说“不行，我做不了。我只是一个教书的人”，拒绝了。逄处长在向校方汇报以后再次提出了新的建议：请叶先生在“汉院”里成立一个“中国文化研究所”并任所长。几经周折，而且是在鲁德才老师同意出任副所长的情况下，姑母终于同意了，但是仍然强调自己只是一名教师，而且只是研究诗词的，所以研究所应该是中国诗词方面的……

因当时叶先生在台湾地区的讲学还未结束，这期间，逄处长通过我与叶先生反复沟通了一年多的时间。据张菊香老师的回忆：和叶先生郝先生商量筹建“比较文化研究所”事宜，是在 1992 年 3 月。记得我陪姑母去拜会已经退休了的郝世峰老师和张菊香老师，表明邀请诚意，鲁老师又邀来了李剑国老师、张红老师，叶先生找来安易老师做“所长秘书”。经过大家商量，最后根据叶先生的想法，命名为“中国文学比较研究所”。就这样，1992 年的晚些时候，研究所挂牌了，据张菊香老师了解，1993 年 1 月 14 日的《南开大学校长办公室会议纪要》刊出了“中国文学比较研究所”成立的消息。

逄处长出生于 1932 年 8 月，原本应于 1992 年 8 月退休，可是当时的南开大学母国光校长不让他退休，继续做处长，由于“汉院院长”没有合适的人选，希望等“汉院”成立起来他来代理院长。可是1993年5月底，促成此事的逄处长还是退休了。所以他所构思的“宏图愿景”都打了水漂儿。这样一来，刚刚创建起来不久的研究所，经费来源没有了，如何坚持办下去呢？研究所连一间办公室都没有。幸亏时任常务副校长的王文俊先生的积极协调，校方才决定把东方艺术系大楼里的一个房间，借用给了研究所。据王校长和安易老师回忆：“东艺”楼的房间狭小，不敷使用；后来王校长听闻叶先生从加拿大运回来的大量书籍因无处置放，只能暂存于北京老宅，研究工作也难以展开，甚是焦急，主管部门又难以解决，便与曹焕旭副馆长协调，为叶先生在老图书馆里借得一间教室——404室，大约有100余平米，并配备了一应所需办公用家具和书柜，将叶先生的书籍从北京运至南开存放其中。

数年间，凭借我每年春天从日本带一些学生来，由南开大学旅游公司的陈安捷老师安排食宿行，请研究所的成员郝世峰老师、张菊香老师、崔宝衡老师、安易老师等人给他们开一些基础的汉语会话和作文课，研究所才得以维持。

逄处长退休以后的外事处和汉语言文化学院，对于研究所表现出的是漠不关心。在这期间，原来批准成立研究所的母国光校长也退休了，侯自新先生接任了校长职务。1997 年 1 月，研究所挂靠中文系，当时系主任是陈洪先生，研究所才有了新的转机。1999 年 10 月，由旅居加拿大的蔡章阁先生为叶先生捐资 200 万元与南开大学合建的文科大楼——“范孙楼”落成，研究所终于有了一隅之地，并更名为“中华古典文化研究所”…… 而已经决定落户南开的叶先生，却依然不能享受校内正式教授的编制与各种福利待遇，特别是不能在校内购买住房，还需住在“专家楼”，缺少放置大量书籍的空间，因为“她是外籍人”。生活方面，虽说获得“外籍专家”的些许生活费，却只够支付“半天钟点工”的工资……要知道叶先生已经于 1997 年捐出了自己退休金的一半，为南开设立了“叶氏驼庵奖学金”和“永言学术基金”。直至 2011 年龚克校长履职南开后，叶先生的工资待遇的问题才逐步得到改善和解决。

2014 年初，加拿大的刘和人女士与澳门的沈秉和先生各捐人民币 100 万，会同南开大学一起出资，为叶先生在南开园里建造了一座二层灰墙灰瓦的中式院落——迦陵学舍，因考虑到叶先生年高体迈，还在建筑内设计并安装了一部电梯；内部装修是由叶先生的崇拜者——“横山书院”的学员们集资完成，客厅内有徐州企业家魏垂谷先生个人赠送的巨型灵璧石，院内有 2014 年 11 月 26 日北京恭王府管理中心赠送和移植来了两棵“西府海棠”。2015

◎ 迦陵学舍外观

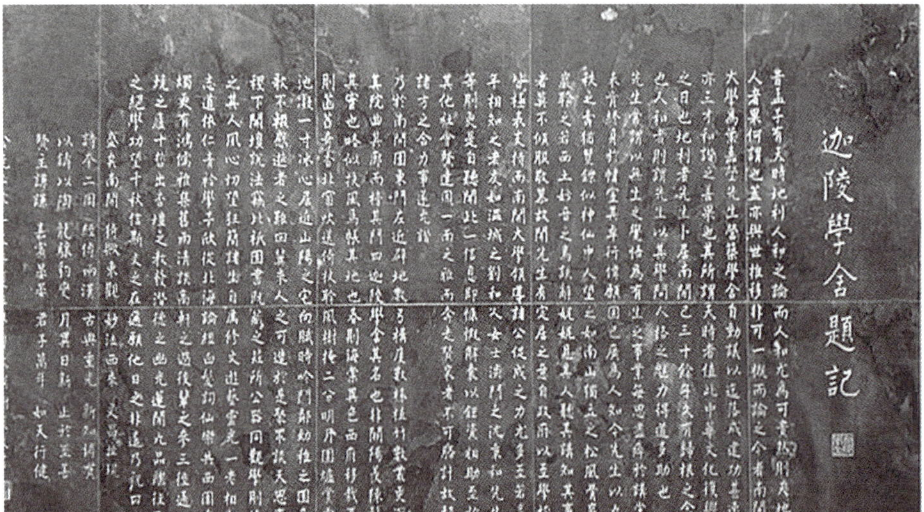

◎ 迦陵学舍题记（叶先生弟子汪梦川老师作）

年 10 月 17 日，“迦陵学舍”正式启用。

研究所的所长至今都是由叶先生担任，副所长则陆续由鲁德才老师、崔宝衡老师、赵季老师、张红老师、孙克强老师、张静老师担任。所长秘书先后是安易老师和可延涛老师。

1993 年 12 月，南开大学的“汉语言文化学院”正式成立，可是成立仪式受邀名单上却没有逄处长的名字。

这么多年过去了，我一直想说：没有逄处长，南开大学就打不下这么好的国际交流基础；没有逄处长，南开大学就不会有现在的汉语言文化学院；没有逄处长，南开大学就不会有“专家楼”“谊园”“爱大会馆”“省身楼”；没有逄处长，南开大学就不会有叶先生和“中华古典文化研究所”！

第五章

陪同叶先生拜会学界师友

在那些年里，我在陪同叶先生时，也曾拜会和结缘过不少文教界的师长名人——李霁野先生、陆宗达先生、冯至先生、俞平伯先生、赵朴初先生、缪钺先生、杨明照先生、程千帆先生、施蛰存先生、夏承焘先生、吴小如先生、周汝昌先生、浩然先生、陈贻焮先生、史树青先生、郭豫衡先生、杨敏如先生、邓广铭先生、刘乃和先生、冯其庸先生、杨振宁先生、陈省身先生、范曾先生、文怀沙先生、刘扬中先生、董乃斌先生、刘梦溪先生、敏泽先生、溥任先生…… 还有南开大学的鲁德才先生、宁宗一先生、郝世峰先生、逄诵丰先生、薛宝琨先生、杨成福先生、王达津先生、朱维之先生、华萃深先生、张菊香先生、王双启先生、任家智先生……

第一节　李霁野先生

◎ 李霁野（1904—1997），现代著名翻译家，南开大学外语系名誉主任

叶先生是由于李霁野先生的鼎力推荐和邀请，才与南开有了近半生的缘分。

李先生年轻时曾与好友许寿裳先生、台静农先生跟随鲁迅先生创办过“未名社”。叶先生还在辅仁大学中文系读书的时候，李先生就已在辅大外文系执教了，而且与北大外文系毕业的顾随先生是好友。1946年，许寿裳先生去了台湾，主持“编译局”工作，李先生便与台静农先生也一起到了台湾大学教书。1948年，叶先生到达台湾，老师顾随先生得知后，就写信嘱咐她，要她去拜望在台大执教的几位老师，其中就有李先生，信中还加附了自己的名片。于是，叶先生在1949年春去台大探望，匆匆一晤，不久因台湾开始了“白色恐怖”，李先生便离开台湾，返回了大陆。

2017年9月18日天津的《今晚报》刊登了一篇文章，题为《〈李霁野文集〉中的叶嘉莹》。文中有以下记述：

上世纪70年代初，中国与加拿大建交，已定居加拿大的叶先生立即申请回国探亲。1978年，叶先生又提出回国教书的申请。次年，国家教委（案：当时还是“教育部”）安排叶先生到北京大学教书。当时，叶先生获悉李霁野先生已经出任南开大学外文系主任的消息后，极为兴奋，当即致信李先生，叙述自台北晤别三十年间的种种变化，并告知其已被批准回国教书。很快，李先生复信，诚挚邀请叶先生到南开大学讲学。叶先生接受了邀请。

《李霁野文集》第九卷收录了其写给叶先生的多封信札。其中写道：“十分希望你能来长期任教……你系统讲讲文学史可以，选些代表诗文讲讲也可以，做几个专题讲座也可以。”“你在国内讲学的成绩有口皆碑，是应得的荣誉。你不仅没有按劳取酬，还自己花了旅费，并向南开大学赠送了不少书籍。”“南大既然请你来任教，我希望你能答应下来。”

文中还写道：叶先生在南开大学讲学期间，李先生对其在生活起居及课业、交通等方面之种种垂顾及安排，使叶先生深为感动，油然产生了一种极为亲切的恍如游子归家般的感觉，使其最终选择留在南开执教。

为此，叶先生写了两首七言绝句赠予李先生，现录于下：

欲把风标拟古松，几经冰雪与霜风。
平生不改坚贞意，步履犹强未是翁。

话到当年语有神，未名结社忆前尘。
白头不禁沧桑感，台海云天想故人。
（《天津纪事绝句二十四首》之三及四）

李先生不仅是研究外国文学的学者、翻译家，翻译过世界名著《简爱》，且旧体诗也写得很好，只是因为年轻时参加过许多“革命活动”，倡导新文学，所以一般不以旧诗示人。但此次李先生也回赠给了叶先生两首：

一渡同舟三世修，卅年一面意悠悠。
南开园里重相见，促膝长谈疑梦游。

诗人风度词人心，传播风骚海外钦。
桃李满园齐赞颂，终生难忘绕梁音。
（《李霁野文集》第三卷《赠叶嘉莹教授（二首）》）

◎ 1979年5月，看望李霁野先生

◎ 1990年11月13日，再次陪同叶先生去看望李霁野先生

由此可见李先生写作旧体诗之功力，以及他对叶先生的知赏。

1979 年 4 月，叶先生抵达天津，那时的天津因刚遭遇 1976 年 7 月 28 日的“唐山大地震”，房屋倒毁很多，满目疮痍，街道上和海河边还到处都是“抗震棚”。

5 月，我因报名参加高考遭到单位领导阻挠，到天津向姑母求助，希望她能给教育部写信反映情况，帮我解决报名问题，因为她当时是由教育部和国务院外专局负责接待的。记得当时姑母被安排住在解放北路的“天津饭店”（今“利顺德大饭店”），我是傍晚到达的，第二天上午陪她去了云南路李先生家探望，下午返回北京。这张照片，就是当时我用姑母的相机拍摄的。

第二节　陆宗达先生

年代已久，记忆也已模糊不清，依稀记得陪姑母去拜访陆宗达先生的情形。

陆先生是中国训诂学大师，曾任教于辅仁大学，据说当年给学生讲解《说文解字》时，眼睛根本不用看书，就能娓娓道来，待讲完一部分，才告诉学生刚刚讲的是第几页的内容，用手中所执的一根细竹签，不经意地向书中一

◎ 陆宗达（1905—1988），著名训诂学家、语言文字学家

捅，便是所讲之页……当年，叶先生与堂兄叶嘉穀先生（我称“大爷”）同学于辅仁大学中文系，只是所属甲、乙二组不同，甲组学习声韵文字为主，乙组学习文学（诗词曲）为主。叶嘉莹先生在乙组，师从顾随先生，叶嘉穀先生则属甲组，所以曾师从陆先生学习。新中国成立前夕我大爷去了台湾。后来他听说叶先生回大陆，便委托代为看望自己的老师陆先生。应该是在 1982 年春节前后。陆先生家住宣武区前青厂胡同，找到他家时大约离平常人家午饭时间还早，进屋看见，靠窗一面是砖炕，陆先生盘腿坐在炕上，面前摆着一张小炕桌，桌上放着一个直径有蓝边儿碗大小的煤油炉和一瓶酒、一个酒盅及醋碟儿，炉上烧滚了一小锅水，跟我们说话的同时，陆夫人便包好了两个饺子放入小锅，待陆先生吃完，再包两个……我才知道陆先生吃饺子是两个两个地煮，甚是少有。此情此景在我的脑海里徘徊了很多年，直到 2006 年 5 月，我在北京钓鱼台国宾馆参加国侨办的一次宴会上，遇到了时任全国

人大常委会副委员长的许嘉璐先生，许先生也曾是陆先生的学生，我向他谈起了这段往事，他笑道："这就是陆先生的讲究之处！"

当时不好意思打扰陆先生用餐，所以没有照片留下，很是可惜！

第三节　夏承焘先生

◎ 夏承焘（1900—1986），著名词学家，中国现代词学的开拓者和奠基人之一

夏承焘先生是中国的词学大家，当年被称为"一代词宗"。

叶先生本善讲诗，但因当时国内善讲词的人不多，所以叶先生就主动讲词，因为她申请回国教书，本就是想为祖国培养人才，既然国内缺乏讲词之人，那就舍我其谁呢？我在南开时听过叶先生讲词，是从晚唐五代的《花间集》小词讲起，再讲晏同叔、晏小山的小令和柳永的长调，直至苏东坡、辛稼轩的豪放

◎ 1982年初看望夏承焘先生（后排左起：夏夫人、夏先生、杨敏如先生、叶先生和笔者）

之作，甚至到姜白石的难解词篇。那时国内大学课堂大多重视言志之诗，讲词的时候也往往像讲诗那样流于词作意义和背景分析，而叶先生讲词时挥洒自如的旁征博引，细致入微的美学鉴赏，加之叶先生气质贤淑典雅，衣着款色搭配适宜，站在讲坛上，本就是一道风景线，再加之叶先生能够恰当地运用西方的心理学和文艺理论讲解中国古代的文人与诗词，一反令今人难以理解的“以古证古”——用古代文论解释古人作品的传统，把国内的学子们带入了一个前所未识的美的境界，令大家耳目一新，犹如平地刮起了一道旋风，席卷大江南北。叶先生从此开辟了中国词学的一个新时代，名声大震。

归国后，叶先生一直想去拜访夏先生。于是拜托同门师姐杨敏如先生打听到夏先生在北京的住处，终于在1982年初的一天晚上实现了这愿望，三位词学者相聚一堂。我记得叶先生将在台湾出版的《迦陵谈诗》和《迦陵谈词》送给了夏先生。

第四节　缪钺先生

◎ 缪钺（1904—1995），著名历史学家、文学家

1981年4月下旬，在成都召开的“杜甫研究学会第一届年会”上，叶先生结识了神交已久的缪钺先生，当时缪先生是杜甫研究学会的会长。两位学者对于中国古典诗词的精美品质有着相同的感受与挚爱。

据缪元朗先生（缪钺先生之孙）在《缪钺先生

◎ 1981 年叶先生在成都“杜甫研究学会”上发言（左三为缪钺先生。图片来源：迦陵学舍）

与叶嘉莹教授合作的学术观念基础》中所述：

凡读过《灵谿词说》的人，可能都会知道缪钺、叶嘉莹两位先生合作的缘起。在该书《后记》中，缪先生曾说二人的初次相识是在 1981 年 4 月下旬成都草堂所举办的杜甫研究学会第一届年会上，“叶君少时读过我所著的《诗词散论》，深致赞赏；而我于 1980 年读了在国内新出版的叶君所著《迦陵论词丛稿》，钦佩其中评赏辨析，精邃深微……因为先有这些通过互读彼此著作的了解与倾慕，所以初逢如旧识，相聚数日，交谈甚契，而我们二人论词都

◎ 叶先生与缪老合作《灵溪词说》年代的合影（图片来源：迦陵学舍）

推尊王静安先生，尤其有针芥之合”。

于是，当缪先生提议合作著书，叶先生也欣然同意了。两位古典诗词大家共同撰写了《灵溪词说》和《词学古今谈》两本论词著作，在书中纵论晚唐至晚清的名家词人及各家词论，囊括了论词绝句、词话、词学论文、词体研究、词史论述、词作评赏等各个方面，成为了当代两部不可多得的词学专著。

叶先生曾于《灵溪词说》书成之际，口占一首七绝：

庄惠濠梁俞氏琴，人间难得是知音。

潺湲一脉灵溪水，要共词心证古今。

叶先生一直都称缪钺先生为“缪老”，充满了敬重之意。他们的合作一直持续到1995年缪老病故，长达十四年之久。

在此期间，两位学者多有相互赠答诗作。1981年4月，缪老获叶先生所赠《迦陵论词丛稿》，读后极为欣赏，草堂会晤以后，曾经赠诗于叶先生：

相逢倾盖许知音，谭艺清斋意万寻。
锦里草堂朝圣日，京华北斗望乡心。
词方漱玉多英气，志慕班昭托素襟。
一曲骊歌芳草远，凄凉天际又轻阴。

叶先生早在三十多年前就读过缪老的《诗词散论》，对缪老十分敬仰，返回加拿大后便赋诗酬答：

稼轩空仰渊明菊，子美徒尊宋玉师。
千古萧条悲异代，几人知赏得同时？
纵然飘泊今将老，但得瞻依总未迟。
为有风人仪范在，天涯此后足怀思。

◎ 1981 年 4 月，出席“杜甫研究学会”时叶先生与缪老（中）、金启华教授（右）合影（图片来源：迦陵学舍）

缪老接到叶先生从加拿大寄来答诗以后，又赋诗答谢，云：

叶嘉莹教授归温哥华后，寄诗见怀，情词恳挚，甚可感也。赋此答谢

岂是蓬山有夙因？神交卅载遽相亲。
园中嘉卉忘归日，海上沧波思远人。
敢比南丰期正字，何须后世待扬云？
莫伤流水韶华逝，善保高情日日新。

叶嘉莹教授寄赠其所著《王国维及其文学批评》，赋此报之

离合神光照眼新，婆娑冬树又生春。
能从西哲参微旨，不与雕龙作后尘。
且喜相知濠上语，无劳独赏镜中人。
百年身世千秋业，谁向斯编识苦辛？

王静安《虞美人》词：“从今不复梦承恩。且自簪花坐赏镜中人。”余反用其意。余旧作《诗词散论》，其中独到之见，叶君此书中数数征引而加阐发，故有赏音之感。

初识叶嘉莹教授于成都草堂，倏已半载矣。赋此见怀

一任流光逝，凄迷度夏春。
忽惊秋色好，更忆草堂人。
抗志千秋上，长吟七字新。
少陵怀太白，永契夙心亲。

我于 1991 年 2 月曾陪叶先生去成都看望缪老，当时成都的天气相当阴冷潮湿，我和叶先生在川大校园内的外宾招待所住了两个晚上，房间没有暖气，即使借来了电暖气机，洗完的内衣和袜子在房间里晾了两天都没干。我们应邀去缪老家吃饭，记得缪老家在川大的一个简易砖楼里，那是我唯一见过缪老的一次。

在离开川大前，我还和叶先生去拜望了《文心雕龙》研究的泰斗杨明照先生，因为杨先生家就住在外宾招待所旁边的一座楼里。那时杨先生已是82岁高龄，但仍每天清晨都在周边快步疾走，面色红润，长髯飘于胸前，一派仙风道骨。

第五节　邓广铭先生

◎ 邓广铭（1907—1998），著名历史学家，中国现代宋史研究的主要开创者和奠基人

1990年11月上旬，我陪叶先生出席在上饶师专（现上饶师范学院）召开的“纪念辛弃疾诞辰850周年”学术研讨会，不想曾编著过《辛稼轩年谱》和《稼轩词编年笺注》的北京大学历史系教授邓广铭先生也前来出席了。中国的历代词人中，叶先生最是仰慕辛稼轩，终于得以见到“辛词大家”邓先生，喜悦心情可想而知。

邓先生早年就读于北京大学，曾在胡适先生指导下完成了毕业论文《陈龙川传》，遂留校任教。在学期间就已刊出《〈辛稼轩年谱〉及〈稼轩词疏证〉总辨正》，胡适先

◎　1990 年 11 月叶先生出席“纪念辛弃疾诞辰 850 周年”研讨会

生、陈寅恪先生、夏承焘先生等大家均给予了好评。1939 年，邓先生又完成了《稼轩年谱》和《稼轩词编年笺注》初稿，还编成《辛稼轩诗文抄存》。1940 年春，邓先生于昆明青云街靛花巷北大文科研究所，完成了《稼轩词编年笺注》例言。在这期间不仅旁听陈寅恪先生的课程，朝夕相处，还成为了陈寅恪先生实际上的助教。邓先生于《自传》中写道：“这对我来说，收获之大确实是胜读十年书的。从陈先生的处事接物方面，我也看到了一位真正的学者的风范。”

前来上饶出席“纪念辛弃疾诞辰 850 周年”学术研讨会的邓先生，时年 83 岁，身着深灰色的中山装，整洁干净，是一位慈眉善目的长者。邓先生对叶先生也是十分欣赏，所以与会期间跟叶先生的交流应该是最多的。

这次与会的中外学者共100余人，包括北京大学的袁行霈先生、武汉大学的胡国瑞先生、复旦大学的王水照先生、中国社科院曹道衡先生、刘扬忠先生、刘跃进先生，以及日本的“中国词学研究第一人”东北大学教授村上哲见先生、中国台湾淡江大学的林玫仪老师等。会议期间拜谒了辛稼轩墓和故居遗址。最后两天的日程是前往福建武夷山，参观朱熹的紫阳书院，登山岩置身云海上，乘竹筏漂流九曲溪……在会议日程结束后，我们赴南昌机场途中，还登临了滕王阁。

1991年，邓先生在《稼轩词编年笺注》（定本）的“增订三版题记”中，用了相当长的篇幅（第11页至第14页）介绍了叶先生对于“辛词研究”的建树，他写道：

题记到此本已结束，然而我却还想“曲终奏雅”。

从写作艺术到语词涵蕴，从隐婉到寄托，从意象到境界，都置之不论，对于一本辛词笺注来说，总是令人遗憾的极大缺陷。这原也是使我多年以来极感尴尬困窘、经常耿耿于怀的一个问题。所幸是，在近十多年内，我从各地的报刊上读到了加拿大英属哥伦比亚大学教授叶嘉莹女士（华裔）的许多篇纵论唐宋诗词的文章，其中包括了论稼

◎ 叶先生与刘乃和先生（左一）、启功先生（右一）去看望邓广铭先生（右二）

轩词的许多篇。其文章议论皆浑融洒脱，恢闳开廓，曲汇旁通，而又全都在于反复阐发其主题。

邓先生在文中不仅引用了缪钺先生对于叶先生的高度评价，还大段引用和推介了叶先生对于“辛词”的著述。该文的最后一段是这样写的：

我对叶嘉莹教授论辛弃疾词的钞引到此为止。我希望这本笺注的读者，尽可能都亲自去阅读她的这篇原作的全文，这主要不是为了“奇文共欣赏”，而是要借此补拙著的一大缺陷，以提高和加深对稼轩作品的领悟。

第六节　陈贻焮先生

◎ 陈贻焮（1924—2000），著名古典文学研究专家、诗人

在我的记忆中，叶先生在 1979 年第一次回国讲学以后，与北大中文系的陈贻焮先生交往比较多。因为当时的叶先生还不为国内学界所知，国务院外专局和教育部邀请来这样一位“默默无闻”的人到北大讲学，特别是讲授中国古典诗词，而且还是一位女老师……总之，那种难以理解的心理是可想而知的。相较于北大其他老师们而言，陈先生则不同，他对叶先生既尊重又欣赏。陈先生生前淡泊名利，待人真诚热情，原住北大校园内的镜春园 82 号，后搬至朗润园 12 公寓 102 室，但因患有眼疾而不太出门，可是每当得知叶先生回到北京时，常会邀请她

到家里做客。陈先生指导的第一个研究生，就是现在北大的葛晓音教授。她在怀念陈先生的文章《难忘师恩 永记师训》中记述：“从1980年起，陈先生就开始了《杜甫评传》的写作。那时他的左眼视力已经很差，我几次看到他倒茶时打碎杯子，因为看不清桌子的边沿。……”因为葛晓音当时写了《八代诗史》，而且陈先生又特别喜欢她的儿子，所以每次叶先生到陈先生家的时候，陈先生都会叫葛晓音带着孩子来一起见面。有时还会请袁行霈先生也过来，因为他们三人是“老鼠同盟”，陈先生与叶先生二人同庚，都是1924甲子年的老鼠，袁行霈先生也属老鼠，但是1936丙子年的，比他俩小一轮。

◎　1999年2月21日，摄于北大“镜春园”陈先生家（左一是陈夫人在为叶先生找书）

另外，叶先生得知我在写此文时涉及陈先生，特地打来电话，嘱咐我一定要将此事写上：她当年在台湾时曾写过有关温飞卿的文章，参考了一本有关《花间集》的书——《栩庄漫记》，但是叶先生一直都不知道著者为何人。有一次，叶先生向陈先生请教是否知道这本书和著者的时候，陈夫人在一旁告诉她说："那是我父亲写的。"

我只记得陈先生的夫人姓李，陈先生一直在别人面前称呼她为"李大夫"。我于是拜托叶先生之得意女弟子曾庆雨帮忙查找，因为她现在华东师范大学图书馆工作。曾老师给我回信写道：

叶老师，我先是查了陈贻焮先生的夫人，知其姓李。然后查叶先生论温庭筠的文章，里面多次提到《栩庄漫记》。最后查得该书作者为民国学者李冰若，其生平如下：李冰若（1899—1939），原名锡炯，自号栩庄主人，飞仙桥杨柳冲人，清光绪二十五年（1899）生。幼聪颖好学，母陈氏亲授唐诗。12岁随表兄刘敦桢（著名建筑学家）赴长沙楚怡小学就读，民国九年（1920），毕业于长沙明德初中。1923年，李冰若从湖滨高中毕业后，考入江苏苏州东吴大学中文系，师承词曲泰斗吴梅、著名学者陈中凡，攻读古典文学，学业日进。民国十四年（1925），陈中凡教授任教广州中山大学，李随去学习。在中山大学，李先后任该校两湖同乡会会长、新社会研究会理事，并积极参加进步活动，与著名共产党人毕磊交往甚密。北伐战争期间，加入国民革命军，任总政治部教训员。民国二十六年（1937），抗日战争爆发，李同家人回县，任教县乡村师范。1938 年冬，经友人袁芸雪介绍，去中央军校武冈第二分校任上校教官。民国二十八年 7 月，奉调赴重庆中央训练团受训，途经宜昌乘船，船翻落水旋即得病，8 月下旬抵重庆，终因病重不治，于 9 月 5 日在重庆逝世，年仅 40 岁，安葬于重庆浮屠关刘姓宅旁。李冰若一生研究古典文学，著作甚多，遗稿大多散失。出版的有《花间集评注》《长楚轩贻》《闲庐余事》《栩庄诗集》《绿梦庵词》等。

本书（案：即指《栩庄漫记》一书）为民国学者李冰若对《花间集》所作的笺注、汇评。虽为简注，但极为精当。其中，作者以《栩庄漫记》的名义，作 196 条评语，对《花间集》中 18 家词人和 170 多首词作了精辟分析和评点，多为后世论词者引用，具有独特的文学价值。唐圭璋、叶嘉莹等著名词学研究者都甚为重视《栩庄漫记》的评语。本书 1935 年由上海开明书店初版。本社此次出版以开明书店本为底本，重新标点整理。并于民国期刊中辑录李冰若词 15 首，附于书后，以便文学爱好者及研究者阅读。

根据曾老师提供的线索，我又通过北京大学张少康教授向葛晓音教授求证，得知李冰若先生是陈先生的岳父。后并查到北京大学教授杜晓勤先生的《诗人型学者 性灵派诗人——论陈贻焮先生的中国古典诗歌研究与创作》一文（《社会科学评论》2004 年第 1 期），得知：李冰若先生乃是陈先生的表叔。杜晓勤先生曾是陈先生和葛晓音老师指导的博士生。

再查又得知：李冰若先生的夫人翟涤尘女士原有“新宁才女”之称，1889 年端午节出生于湖南湘西新宁县的“翟公馆”，父亲曾任广东水师提督，是民国时期新宁县第一个赴省城学习的女生，就读于长沙稻田女子师范，1928 年在新宁创办女子职业学校，自任校长，38 岁才结婚，长李先生十岁。李先生去世后，51 岁的她一个小脚女人独自抚养三个子女，其中两个儿子考入北京大学，女儿考入长沙医科学校。1968 年逝世，1997 年因李冰若先生被追认为中共党员身份，夫妇才得以合葬南京雨花台陵园，有《碧琅玕诗词集》传世，且被收录于《中国当代才女代表作》。其与李冰若先生所生之女李庆粤女士便是陈先生的夫人。陈先生曾有叹岳母之诗作《随庆粤、庆苏率南星往雨花台花神庙，为先岳母翟涤尘女士扫墓》：

清明时节杏花天，路畔山家卖吊钱。
买得几枝插坟上，相看无语泪如泉。

第七节　冯其庸先生

◎ 冯其庸（1924—2017），著名红学家、史学家、书画家

冯其庸先生也是出生于1924年，但日期是2月3日，为农历癸亥“猪年”。冯先生是江苏省无锡人，幼年因家贫失学，在家种地，小学、中学均未能毕业。抗战胜利后考入苏州美专，两月后又因贫失学。1943年毕业于私立无锡前洲青城中学。1943年下半年，冯其庸考上了省立无锡工业专科学校，其间曾得无锡著名画家褚健秋赏识。1944年7月因贫失学。1945年抗战胜利后考入苏州美专，两月后又因贫失学。1948年毕业于无锡国专。冯先生虽未上过正式大学，但勤奋好学，多才多艺，以红学家、史学家、书法家、画家等多种成就著名于世，曾任中国人民大学教授，中国艺术研究院副院长，2005年出任中国人民大学国学院首任院长，2015年2月受聘为中央文史馆馆员。古稀以后，仍然不顾高龄，经常去新

◎ 叶先生与冯其庸先生（右一）和冯夫人（右二）

疆考察丝绸之路。年近九十的时候，还去行走了一遍两千多年前项羽的逃亡路线，证明太史公在《史记》中所记载的“乌江自刎”地点有误。每次见到叶先生时，他都会兴致勃勃地讲述新的见闻与心得。比如2001年左右，我和姑母到冯先生家时，他刚从新疆回来不久，兴冲冲地拿出一摞刚刚洗印好的彩色照片，说：“这些都是我在新疆时拍的。”又指着其中几张说：“有一只汉代的绣花鞋，上边还绣着‘五星出东方利中国’几个汉字，说明那时汉字和汉文化就已经传到那里了。”我和姑母拿起照片观看，果然绣花鞋左右两侧鞋帮上，分别绣有“五星出东方”和“利中国”几个字…… 冯先生还允许我拍了照（案：其实，后来得知图中之物是汉代蜀地织锦护膊，为国家一级文物）。冯先生晚年搬家至通州郊外，他总是动员叶先生也搬过去为邻。

叶先生对于冯先生的学问与识见也是非常敬重。2017年1月22日，冯先生在北京去世，享年93岁。叶先生为冯先生撰写了挽联，上联是“瓜饭记前尘中道行宽写梦红楼人共仰”，下联是“天山连瀚海西游乐极植莲净土世同钦”，落款为“叶嘉莹敬挽”。

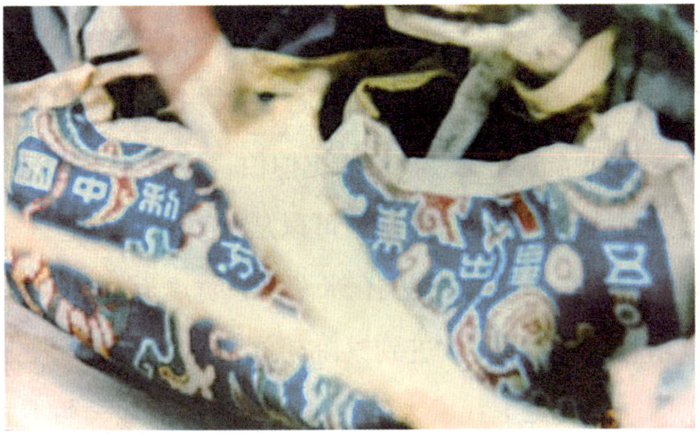

◎　当年笔者在冯先生家翻拍的“五星出东方利中国”的照片

第八节　史树青先生

◎ 史树青（1922—2007），著名史学家、文物鉴定家

因为史树青先生是姑母的大学同学，所以我称呼他为“史伯伯”，是我非常喜欢和尊敬的长辈，曾任中国历史博物馆副馆长，是著名文物鉴定专家。史伯伯长得慈眉善目，身体胖胖的，走路慢慢的，一向待人平易，总是笑容可掬，但对于“鉴宝”却一丝不苟。记得1974年夏秋之交的一天下午，我在我家“后街”——复兴门内大街（西长安街延伸部分）与佟麟阁路相交的路口附近，遇到了正好要去我家的史伯伯。我陪他走进我家东院墙外“小胡同”，这是一条可以从长安街直接通往察院胡同中部的小巷子，长度10米左右，宽度无法二人并行，所以俗称“小胡同”，进到察院胡同往右侧一拐，便是我家大门。正要走上我家大门台阶时，史伯伯却踟蹰不前围着地上的一张纸转起圈儿来，嘴里还不停地嘟嘟囔囔着。

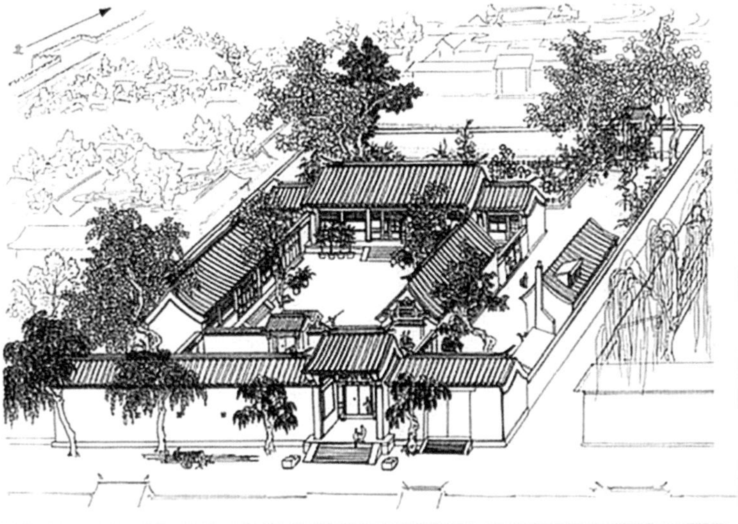

◎　东院墙边即文中“小胡同”（此图来自网络：【世代祖居进士第】西城区复兴门内察院胡同23号，此宅为古典文学大师叶嘉莹女士的祖宅，其曾祖为武官，祖父、伯父均为名医，大门上原挂有“进士第”之匾。门内影壁上挂有“华佗再世”“立起沉疴”等四块匾。）

我定睛一看，原来地上是一张折叠的有些残破的纸，看上去隐约是张地图。史伯伯口中仍在不停念叨着“这是谁扔的?”“这么好的地图，怎么就扔了呢?”“这是哪一年的?”转了好几圈儿后，他慢慢地弯腰从地上捡起了那张地图，小心翼翼地打开一看，原来只是一张最新版的《北京城市交通图》而已……

2006年8月，姑母带我同去史伯伯家探望他，一起前去的还有一位台湾的中年女学者。听那位女学者说：一直想去拜会史先生，据说现在史先生身体不太好，他的夫

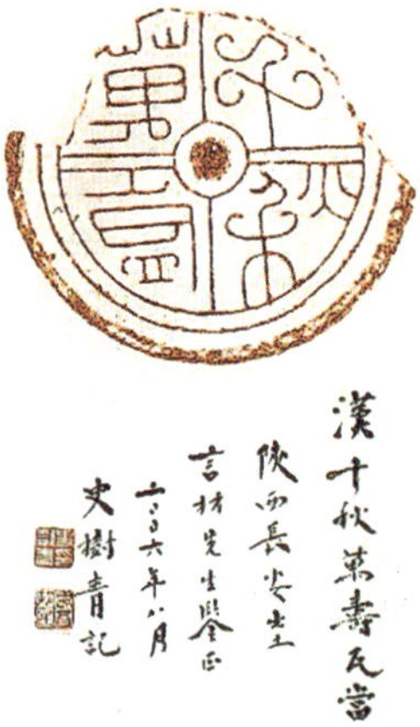

◎ 史树青先生所赠“汉代瓦当”拓片

◎ 1974 年夏叶先生与老同学史树青先生（左）在圆明园（右为圆明园管理处工作人员）

人既不允许他外出，也不允许他接听电话，更不让别人去他家看望……但姑母给史伯伯家打电话时，刚一报上姓名，史夫人就把电话交给了史伯伯。史伯伯听闻家姑母要带我们去他家，非常高兴。我们在他家时，他给我们讲述了不少他经历过的“鉴宝艰辛”。临别时还赠送了我一张他所收藏的“汉代瓦当”拓片，而且是我们去之前就已经准备好了的。

第九节　杨振宁先生

据我知道，叶先生原来与杨先生并未曾有过见面的机会，但对于杨先生的大名早已久仰。1991年秋冬之际，杨先生来到南开，听说叶先生也在南开，就请外事处的逄处长引见。逄处长先给叶先生打了电话，征询是否方便？然后陪同杨先生来到专家楼叶先生的房间拜

◎ 杨振宁（1922—），世界著名物理学家，1957年获诺贝尔物理学奖

访，文理两位大家终于见面了。听姑母说：当时房间里没有茶水可以招待杨先生，只好给杨先生斟了一杯自己煮的“山楂水”。杨先生说自己曾读过叶先生的著作和诗词……文理两位大家畅谈了许久。

其后，因杨先生的寿辰临近，杨先生特意邀请叶先生出席“祝寿会”。叶先生便作了四首绝句送给了杨先生，以表贺寿之意。1992 年 6 月 9 日，逄处长为杨先生的七十华诞举办了一场大型庆贺会。会上，杨先生带来了叶先生送给他的那四首诗，并已请人用毛笔书写了下来，还执意邀请叶先生上台讲几句话。当时叶先生说：今天来参加杨振宁先生“祝寿会”的都是物理学家，有杨先生的同学、同事、同行的学者，而我是学中文的，但我可以和杨先生认一个“半同”的关系，因为他所上的崇德学校和我上的笃志学校是同一个教会办的，是兄妹学校，男校叫“崇德”，女校叫“笃志”，而且，他上崇德学校时正是我上笃志学校的时候。

叶先生为杨先生写的四首绝句如下：

《杨振宁教授七十华诞口占绝句四章为祝》

卅五年前仰大名，共称华胄出豪英。

过人智慧通天宇，妙理推知不守恒。

记得嘉宾过我来，年时相晤在南开。
曾无茗酒供谈兴，惟敬山楂水一盃。

谁言文理殊途异，才悟能明此意通。
惠我佳编时展读，博闻卓识见高风。

初度欣逢七十辰，华堂多士寿斯人。
我愧当筵无可奉，聊将短句祝长春。

以前只是听说姑母与杨先生相识，而且不止一次地说过“杨先生的文科旧学功底很好”。我想杨先生作为一位世界著名的物理学家，能够如此爱好古典诗词，实在是当代自然科学研究者们的榜样，心中钦佩不已，一直盼望有机会能够拜见。

2004 年 10 月 21 日，南开大学为叶先生庆贺八十寿辰，陈省身先生、冯其庸先生、文怀沙先生等各界大家都到场贺寿，当然杨先生也来了。但是杨先生是在前一天下午到达的，并与叶先生一起接受了北京电视台主持人的采访，文理两位大家进行了一场极具历史意义的对谈，内容是：理工科的人是否也应该学习中国古典诗词。对谈中，杨先生还讲自己正在研究《易经》，认为它影响了中国人的思维，将一切复杂的事物归纳为简单，与西方的将看似简单的事物细化为复杂的演绎化思维完全不同……

在场旁听的不只有我，还有我的同学傅秋爽、张力，以及张力的太太丁伶青。

2008年12月底，杨先生邀请叶先生去他家做客，然后一起到清华园“甲所”餐厅吃午饭。那时我正好也在北京，姑母便带我一起去了。那日冬雪初霁，清华校园里白茫茫一片，显得极为优雅干净，这是我人生第一次走进清华。

在杨先生家中的时候，杨先生的夫人翁帆女士一

◎ 2008年12月，笔者陪叶先生应邀前往清华园杨振宁先生居所

直在旁边作陪，并推荐了一本她的朋友刚刚出版的作品——《她们谋生亦谋爱》，内容述说的是有关“秦淮八艳”的故事。后来我拜托朋友从网上购买了一本，读后感受颇深。翌年3月，我带日本的学生们前往南京，正巧住在秦淮河畔的白鹭宾馆，大堂迎面的墙上是一幅巨大的“秦淮八艳”的浮雕壁画。夜晚静下来的时候，我在房间里联想起了那本书的内容，写下了以下这些短句：

《秦淮八艳诔》
夜宿秦淮白鹭，
遥想八艳清楚。
才色情愫具怀，
烟花籍册同录。

谋生谋遇谋知，
献艺献身献爱。
欢歌欢酒欢颜，
错世错逢错待。

咸盼天降至喜，
自忖觅得悦己。

奈何无常弄人，
所托狼心羊体。

假仁假义假傲，
有老有壮有少。
问果问因问源，
归儒归释归道。

秀才文客羸弱，
权贵武者豪硕。
内忧外患时空，
美意差强梦破。

悲天悲地悲命，
怨父怨母怨性。
可赞可叹可哀，
我悯我怜我敬。

注：2008 年 12 月底，杨振宁先生夫人荐《她们谋生亦谋爱》一书。购读之。

2009 年 3 月 24 日晨 4 时叶言材作于南京夫子庙白鹭宾馆。

据说杨先生家里的枕边经常放着好几本叶先生的著作……那么，杨先生是如何评价叶先生的呢？

2011年11月9日，叶先生应邀在清华大学演讲，题目为《我心中的诗词家国》，是以自己的诗词作品来串讲自己的人生经历。此次演讲，主办方原本并未通知杨先生，但杨先生得知了消息，也在演讲开始后赶进了会场……演讲结束时，杨先生发言说：

叶嘉莹教授的书，我以前看过几本，从这些书里面，了解到了许多唐诗宋词，我从前没有了解过的许多东西。今天晚上，听了叶教授的讲座，我又有一个另外的感受。叶教授跟我走进了不同的学术领域，我们有非常不同的人生经历，可是她跟我是同时代的人，所以我们那个时代世界的大事，人类历史上的大事，我们有共同的经验，今天晚上我听叶教授所念的几首诗，比如1974年回国所写的长歌，以及近些年在南开写的晚年的一些诗词作品中，这些都跟我有共鸣的地方，可我不会写出来，我非常高兴，叶教授把很多非常复杂的情感，能够用美丽的诗句写出来。我还想强调一句，中国的旧诗词，能够表现一个人的情感这一点，我认为是西方的诗词所不能达到的。我不知道在座的中文系的老师们，是不是也曾经想过，是不是这个也在国内提倡，是否有更多年轻人表达自己的感情，变成美丽诗句的可能。

2017 年 5 月，杨先生来到了南开，叶先生和助手张静老师（现任南开中华古典文化研究所副所长）前往杨先生下榻的南开“嘉园宾馆”拜访。其时，杨先生还询问叶先生有何“院士”称号？又因为中国只有理工科的院士，而没有文科院士，感到甚是可惜！叶先生回答道：“我是加拿大的皇家学会的院士。”要知道，“皇家学会”是英国以及英联邦国家和地区的，所以叶先生是全世界唯一一位以中国古典文学的研究与教学而荣获该会“院士”称号的学者。

2019 年 9 月 10 日是中国的“教师节”，作为南开大学建校 100 周年的庆祝活动之一，国内外数百名嘉宾、学者前来南开，以举办“叶嘉莹教授归国执教四十周年暨中华诗教国际学术研讨会”的形式，为叶先生庆贺 95 岁华诞，其中也有作家王蒙先生和夫人，中央电视台的白岩松先生主持了开幕式，规模可谓盛大。杨先生曾表示一定要亲自前来“祝寿”并讲话致辞，但在那之前因出席了远在外地的另外一个会议后，感到身体疲劳和不适，况且年事已高，无奈只好用英文给叶先生发来了一封“临时缺席为歉”的邮件。

第十节　陈省身先生

◎ 陈省身（1911—2004），世界著名数学家，被誉为“整体微分几何之父”

说到陈省身先生，大家都知道他是一位世界著名的“数学大师”，国际数学界最高荣誉“沃尔夫数学奖”得主，是美国科学院院士，法国、意大利、俄罗斯等国家科学院外籍院士。他对整体微分几何作出深远贡献，被公认为“20世纪伟大的几何学家”。

陈先生的夫人郑士宁女士出身于吴江盛泽镇（今属江苏省苏州市）郑氏家族，是当地著名的书香门第家庭。她比陈先生小四岁，曾就读于燕京大学生物系，相貌秀美，性格温柔，有淑女之称。其父郑桐荪先生早年就读于上海震旦大学，1907年（清光绪三十三年），公费留学美国，毕业于康奈尔大学数学系；1911年（清宣统三年）回国，先后任教于马尾海军学校、上海南洋公学等校；1920年至1924年于清华学校任教，曾任教务长；1928年开始在上海震旦女子文理学院讲授中国诗词，直至1935年；抗战胜利后，又任教清华大学直到1952年退休。郑桐荪先生不仅是清华大学原算学系创办人之一，担任过多门基础数学课程的讲授，而且对于中国古代传统文化、历史、地理、古迹等也颇有研究，著有数学史专著《墨经中的数理思想》和《禹贡地理新释》，并曾创作诗词数百篇（可惜多已散佚）。新中国成立以后，他曾为国家治理黄河而作七言百句诗《河清歌》；作为数学家，除著有《四元开方释要》《微分方程初步》外，还著有文学专著《吴梅村诗笺释》《宋词简评》等。

1930年，陈先生南开大学毕业后，考入清华研究院，受到郑桐荪先生的赏识。杨振宁先生之父杨武之教授，看出郑桐荪先生有意将女儿许配给陈先生，也认为他俩甚是般配，于是便为他俩牵线搭桥。陈省身先生与郑士宁女士自此相识相恋。

1934年获得清华大学理学硕士之后，陈先生赴德国留学。后来受清华大学之邀于1937年回国任数学系教授。全面抗战开始，同年12月，在清华、北大、南开三所大学南迁途中，陈先生与郑士宁女士在长沙订婚，直至1939年才在昆明的西南联大正式结婚。后来，陈先生于1948年底应普林斯顿高级研究院的邀请，便偕同夫人一起赴美了。陈先生自20世纪70年代中开始回国，1984

年至 1992 年任南开大学数学研究所所长，1992 年开始任名誉所长。

叶先生在《我所珍藏的数学家陈省身先生的一首绝笔诗》一文中写道：“陈省身先生是举世闻名的数学大师，而我则只是一个诗歌教学的工作者。如果以专业而言，我对陈先生的成就实在愧无深知，但陈先生与我却有着一段长达二十年以上的交谊。”叶先生与陈先生相识于 20 世纪 80 年代中期，那时他们都住在南开大学专家楼，经常可以在一楼的餐厅里偶遇陈先生夫妇，并有一些礼貌性的寒暄。叶先生认为基于专业不同的关系，大名鼎鼎的陈先生对于自己肯定是一无所知，但是没想到某日陈先生夫妇来到教室旁听叶先生上课，而且极有兴趣。自此以后，陈先生夫妇就常前来听课，谈论诗词也就成为了文理两位大家之间的话题了。

有一天，陈先生拿来了一首他写于 1974 年的绝句——《回国》，内容如下：

飘零纸笔过一生，世誉犹如春梦痕。
喜看家国成乐土，廿一世纪国无伦。

叶先生认为，“这首诗极为朴挚的表现了一位久居国外的老人对于祖国的一份真诚的怀思和祝愿”。通过这首诗，叶先生这才知晓陈先生原来不仅喜爱诗词，并且极富诗情，偶尔自己也会写作一些七言绝句的小诗。

2004年10月21日，南开大学为叶先生庆贺八十寿辰，陈先生也乘轮椅来到会场，并且亲手用毛笔为叶先生写了一首“祝寿诗”，镶嵌在一个精美的镜框里，内容是这样的：

锦瑟无端八十弦，一弦一柱思华年。
归去来兮陶亮赋，西风帘卷清照词。
千年锦绣萃一身，月旦传承识无伦。
世事扰攘无宁日，人际关系汉学深。

叶先生说：“先生送我的这首诗，如果就一般诗家的谨严之格律而言，自然是有些不尽合格律之处，但若撇开外表的格律而论诗歌之本质，则先生这首诗所表现的情意之真诚、事典之贴切，却决然是一首好诗。首先说，此诗开端两句用的是李商隐《锦瑟》开端的诗句，只不过做了一点小小的改变。李商隐原句是‘锦瑟无端五十弦，一弦一柱思华年’，先生这首诗因为是为祝贺我的80岁寿辰而写的，所以就把原诗的‘五十弦’改成了‘八十弦’。先生认为李商隐《锦瑟》诗是自序之作，则‘一弦一柱’当然就都象喻了诗人对于华年往事的点点滴滴的回忆。先生

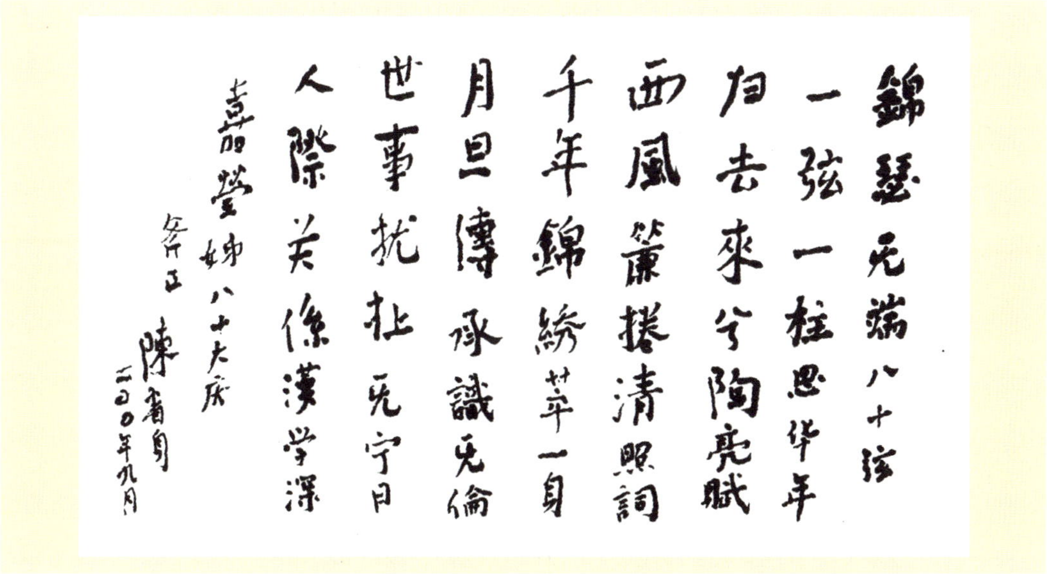
錦瑟无端八十弦
一弦一柱思华年
归去來兮陶亮賦
西風簾捲清照詞
千年錦綉萃一身
月旦傳承識无倫
世事扰扰无宁日
人際关係漢学深
嘉莹姊八十大庆
斧正
陳省身
二〇〇年九月

◎ 2004 年 10 月 21 日，陈省身先生送给叶先生的诗作手迹（图片来源：迦陵学舍）

虽是引用了古人的诗句，但我以为先生的引用和改写，实在十分恰当。如果把年华喻作丝弦，则 80 岁的年龄自应是‘八十弦’，我在自己 80 岁的生日回想起过去 80 年的往事，自然也有着‘一弦一柱’的追忆。先生的诗，可以说正是道出了我当日的心情…… 而除去了这首诗本身是可宝贵的，另外还有两点增加了其可珍贵之处。第一点是在这一幅诗稿中，先生偶然留下了一个小小的笔误，那就是先生在署名后把 2004 年的日期写成了 200 年。而上款所题写的则是‘嘉莹姊八十大庆斧正’。如果在 200 年我就已经是 80 岁了，那么到 2004 年我岂不是就已经将近两千岁了吗？这自然是一个偶然的笔误，但正因为有此笔误，所以我才觉得这幅字之弥足珍贵。这也正像爱好集邮的人之特别珍视错体邮票一样，因为这是在世间独一无二的仅有。第二点则是就陈先生写作这首诗的时间而言，这一幅字应该已经是陈先生的绝笔了。因为在先生参加了我的祝寿研讨会后，不过一个多月就去世了，而这幅字遂成了最值得珍视的先生的一幅绝笔之作。”

那日以后，叶先生因为其他事情离开了天津一段时间，不料陈先生竟于一个多月以后的 12 月 3 日去世了。叶先生闻讯甚是难过，写下来两首诗以为悼念：

其一

噩耗惊传痛我心，津门忽报巨星沉。

犹记月前蒙厚贶，华堂锦瑟动高吟。

十月廿一日南开大学文学院为我举办八十寿庆暨词与词学会议，陈先生曾亲临祝贺，并亲笔书写赠诗一首，有“锦瑟无端八十弦”之句。

其二

先生长我十三龄，曾许论诗获眼青。

此去精魂通宇宙，一星遥认耀苍冥。

先生虽为数学家，而雅好诗文。二十世纪八十年代中，曾与夫人共临中文系教室听我讲授诗词。近日，天文界曾以先生之名为一小行星命名。

叶先生认为，自从20世纪80年代与陈先生夫妇相识以来，他们夫妇二人就都对于她十分关爱，他们夫妇对于她的赞赏和偏爱，是使她“最为感愧难忘”的。陈先生那短短的几句诗，可以说是包括了陈先生对于叶先生平生所致力的诗词创作、论著与教学三方面的高度评价。

我随姑母拜会过陈先生一次，他是一位非常和蔼可亲的长者，那时陈先生住在南开大学内的居所“宁园”，也

◎ 笔者陪叶先生拜会陈省身先生时的合影

就是现在“迦陵学舍”的旁边。这次姑母得知我正在写这篇文章，亲自发来电子邮件，嘱咐我说：

言材

现在再提供给你一个重要资料，在我的《杂文集》中，有一篇写陈省身教授夫妇的文稿。

他们都喜欢诗词。陈夫人的父亲，既是一位数学家，也是一位词学家。

陈先生夫妇经常来我班上听课。对我极为关爱。

你一定要把他们夫妇写进去，至要！至要！

姑姑（2020 年 7 月 10 日）

第十一节　溥任先生

1996 年 2 月 27 日，我曾陪姑母与溥任先生有过一面之缘，地点是位于北京后海的“宋庆龄故居”。溥任先生是末代皇帝溥仪的亲弟弟，辛亥革命后改名“金友之”，相貌敦厚，寡言少语，1947 年，得到父亲载沣的支持，于后海的醇亲王府开办了“北京竞业小学”，依靠变卖家产维持，后将学校交予国家，自己先后任教于西板桥小学和厂桥小学，直至 70 岁才退休。退休后，致力于研究清史，任北

◎ 溥任（1918—2015），清史研究专家，清朝末代皇帝爱新觉罗·溥仪的异母弟

京市文史研究馆馆员、北京市政协委员。

陪同溥任先生一起等候在那里的还有三人，实在是记不得姓名了，好像家里原来都是清朝贵胄，只记得其中一位自称是“康亲王之后”，很善言辞，使我联想到了《鹿鼎记》。当姑母与溥任先生握手寒暄时，立在一旁的人们纷纷言道：“这是一次历史性的会面”“是叶赫那拉代表人物与爱新觉罗代表

◎ 1996 年 2 月，叶先生与溥任先生（左五）等人合影于北京后海“宋庆龄故居”

人物历史性的握手”“特别是在这座府邸更是格外有意义”云云。

那是我第一次走进那座摄政王府——醇王府，亭台楼阁，湖石假山……那时我才知道这座府邸最早属于康熙朝大学士纳兰明珠（纳兰，即叶赫纳兰，正黄旗），而纳兰性德（明珠之子）就是成长在这里。此宅后为和珅所占。晚清时，因光绪帝出自醇亲王家，此府邸便被赐予了醇亲王，后来的宣统帝及其兄弟皆出生于此。

与我和姑母从天津同行前往的还有一位时任日本九州产业大学教授的横山永三先生。横山先生是著名汉学家青木正儿先生的弟子，曾是日本国立山口大学的教授，是一位老舍研究专家。当时我和横山先生带着两所大学的学生们正在南开大学短期留学。横山先生听到姑母要我陪同去北京会晤溥任先生的电话，便也随我们去了。

我请大家在什刹海银锭桥旁的“烤肉季”吃过午饭后，我们才返回天津。

第十二节　文怀沙先生

1981 年“杜甫研究学会”第一届年会，姑母应邀参加，大会放映了一部介绍杜甫的影片，整个影片都配有杜甫诗的吟诵，姑母觉得吟诵的声调极好，就向人询问吟诵者是谁。后来经范曾先生告知吟诵者是文怀沙先生，并且陪同文先生到姑母下榻的宾馆中去相聚，文先生曾当面为叶先生吟诗。1999 年 12 月 31 日上午，文先生亲自到察院胡同祖居来拜访叶先生。那天我也在家中，遂与文先生相识。两位文学大师在东厢房内，从金圣叹评才子书谈起，各抒见解，火花碰撞，致使正巧从日本回京过年的我直听得酣畅淋漓。畅谈了足有两个多小时文先生方才离去。虽然我在旁边一边听一边用摄像机拍摄，而且还不时腾出一只手用照相机照相，但由于事情来得实在太突然，录像带不够用，未能将两位大师对谈的内容尽数记录下来，照相机上的时间“年月日”也没设定对，事后一再懊悔不已！

◎　文怀沙（1910—2018），著名国学家、古典文学研究专家、书画家

此后，叶先生与文老除了共同出席一些学术会议外，还通过我有过多次著作书籍赠答。因为我很喜欢和爱戴文老，每次回京，只要是文老方便的时候，我都会去看望

◎ 文老在察院老宅向叶先生赠书

他，聆听他老人家的教诲。多年以来，叶先生一直倡导和呼吁延续中国诗词的吟诵传统，并且主持着一个有关中华诗文吟诵研究的国家重大科研项目，曾经数次对我说及特别希望能够获得文老吟诵《离骚》的录音。2018 年初，文老因在北京的居所“永安宾馆”改建，而暂时移居到日本东京其长子家中。5 月上旬，姑母特意让我从福冈前往东京看望文老，并带去问候。我是上午 10 点半左右到达的，陪文老聊天聊了许久，直到下午 1 点半才与文老共进了午餐。临走时，文老将弟子空林子女士所著诗集交由我代转叶先生，并约定等到 6 月份我再到东京看望文老，届

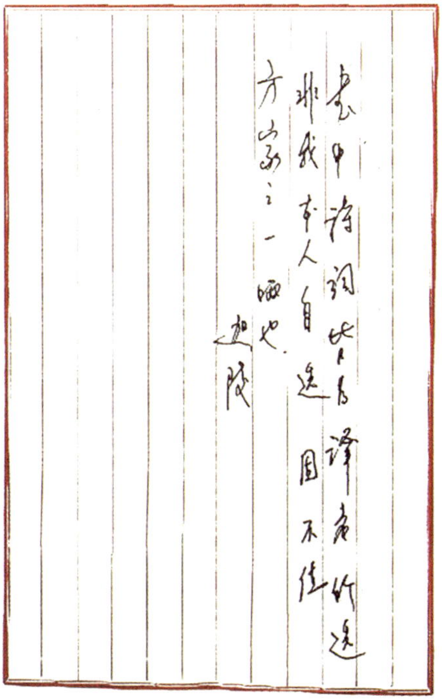

◎　叶先生亲笔书写的赠言

时文老将为叶先生吟诵《离骚》录音。5 月下旬，我飞到天津，将书转交给了姑母，姑母也将一册《独陪明月看荷花》（叶先生的诗歌创作选集，英文版，外语教学与研究出版社 2017 年版）作为答谢交由我带回日本转呈文老，扉页上写的是“书中诗词皆为译者所选，非我本人自选；固不值方家之一哂也。迦陵”。但不幸的是，文老未及收受此书，便于 6 月 23 日在东京因病逝世了，享年 108 岁。

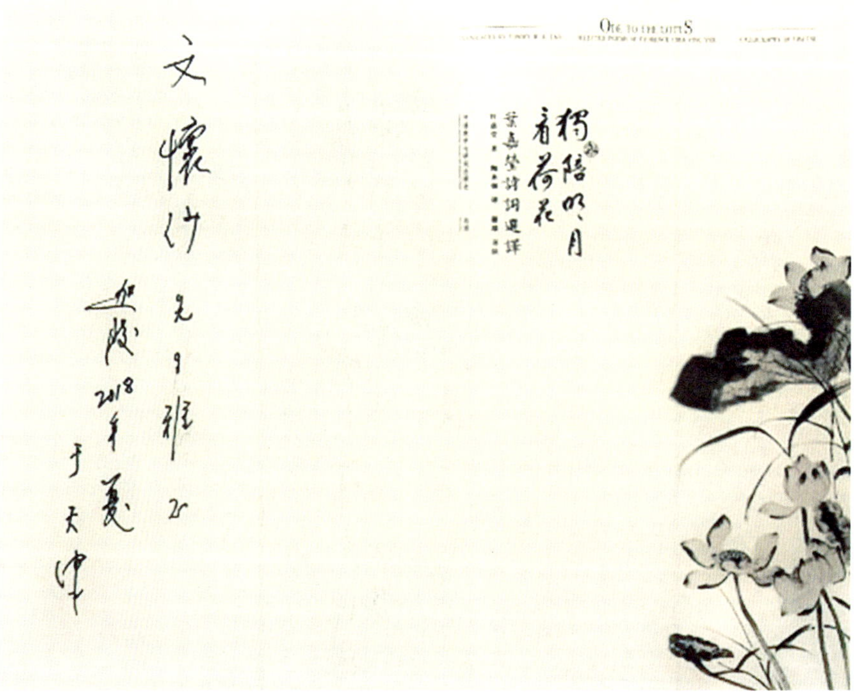

◎ 叶先生赠文老《独陪明月看荷花》

我是在 23 日上午接到空林子女士打来的电话得知的消息，立即向姑母作了汇报。姑母闻讯便书写了一篇悼文，用电邮发给了在日本福冈的我，并遣我搭乘第二天（24 日）的航班飞往东京吊唁。悼文的内容是这样的：

惊闻文怀沙先生逝世，无任震悼。犹记当时八十年代中，我被邀前往成都参加杜甫学会首次年会。在大会放映之《杜甫传》之影片中，第一次听到文老吟诵。以为其对诗歌中情意之体会，与音声之传达，皆非一般人之所能企及。而今文老离世，真令人兴“《广陵散》从此绝矣”之叹。

◎ 叶先生为文老写的悼词

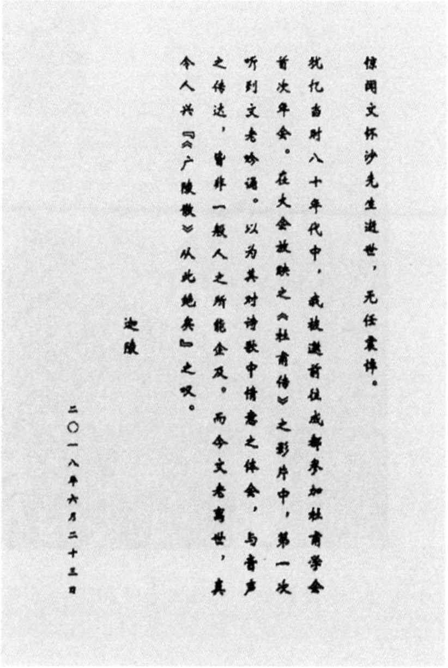
惊闻文怀沙先生逝世，无任震悼。
犹忆当时八十年代中，我被邀前往成都参加杜甫学会首次年会。在大会放映之《杜甫传》之影片中，第一次听到文老吟诵。以为其对诗歌中情意之体会，与音声之传达，皆非一般人之所能企及。而今文老离世，真令人兴『《广陵散》从此绝矣』之叹。
迦陵
二〇一八年六月二十三日

其实，在旁听了叶先生与文老的那番对谈以后，我曾产生过一个念头——这一代“大家”已经都上了年纪，虽然身体看起来都还比较健康，却不知何时就有可能“驾鹤西去”，尽管这些大家都有著书立说，但感觉类似这样的“对谈”会更好，更精彩，因为这样才能够碰撞出火花来，才会有神来之光闪现……应该尽快录制下来，作一档抢救性的电视节目，那将是为后人留下一笔多么不可多得的宝贵财富啊！我当初设想的是：请叶先生作为“主谈”，每期请来一位某一方面的大家对谈，比如请叶先生与文怀沙先生对谈“屈原与《楚辞》”，与冯其庸先生对谈“《红楼梦》中的诗词”，与范曾先生对谈“诗词与书画”，与杨振宁先生、陈省身先生对谈“科学家与诗词”，乃至于经济学家、中青年学者……我曾向一些出

◎ 笔者最后一次见文老（2018 年 5 月 14 日于日本东京）

版社、电视制作机构等谈起过，呼吁过，这是对于中华文化的一种抢救性的投资……但遗憾的是最终无果，以致变成终生遗憾！

第六章

与海外学者的交流及其他

第一节　海陶玮教授

关于海陶玮教授（Professor Hightower），我在这里并不打算赘述。因为只要是读过《红蕖留梦》或者有关叶先生个人经历文章的人，想必对于海教授名字都不陌生。请允许我在这里使用中国人的习惯，以他中文名字的第一个汉字为姓来称呼他。

我虽然从未见到过海教授，但一直都听叶先生说起与他交往的很多往事，而且每逢加拿大的大学假期，叶先生除了回国讲学外，就是去哈佛，与海教授进行他们之间的合作。所以我的印象是：因为有了海教授，叶先生才得以在北美打下基础，顺利发展。尽管俗话常说“是金子，就一定会发光的”，但我认为，即使是“金子”，有的时候也是需要有一些机缘的。我们东方人使用自己的语言写作文章，要想让西方人乃至全世界更多的人来了解我们的语言表述之美，就需要于这方面有能力的翻译者，把它用西方人乃至全世界更多的人都容易理解其内容、领悟其精髓的语言表述出来，特别是有关中国古典诗词的，就更加需要翻译者既具有“中国学”的丰富修养，又擅长自己母语的运用，以及对于自己本国文化的广泛且深刻的理解。

叶先生称自己与海教授的相识是一次“机缘”。她在《中英参照迦陵诗词论稿》一书序言中写道：

◎ 20世纪90年代后期叶先生在哈佛大学访问时与赵元任先生之女赵如兰（右一）、卞学鐄（左二）夫妇及海陶玮教授（右二）合影（图片来源：迦陵学舍）

我与海先生初识于1966年之夏，当时我是被台湾大学推荐将赴美国密西根州立大学（Michigan State University）作为交换教授的一个候选人，而海先生则是作为美国弗尔布来特委员会（Fulbright Committee）的代表来举行面谈的一个甄选人。谁想到只因此一次晤面，我与海先生竟然结下了三十多年合作的机缘。

据叶先生说，在协助海教授翻译陶渊明诗和海教授翻译叶先生的文章时，他们主要是用英文进行讨论……所以叶先生曾说：我很感激海陶玮先生，因为在讨论的过程中，海先生经常会提出一些问题与看法，也让我重新思考和反省了自己所写的内容，从而将文章修改得更好更完善。所以，从某种意义上来讲，可以说是海先生训练了我用英文讲解中国古典文学的。

◎　2019年由外研社出版的《中英参照迦陵诗词论稿》

海教授就是以上述

方式将叶先生所著13篇论文翻译成了英文，1998年由哈佛大学亚洲中心（Harvard University Asia Center）出版了一本题为《中国诗歌论集（Studies in Chinese Poetry）》的论文集，此书为全英文版，共收录了叶先生和海教授所著论文17篇，其中叶先生撰著的有13篇。

后来，为了便于读者、学者对于中文文稿和英文译稿的了解和把握，2013年从上述论文集中摘选出了叶先生的6篇文稿，由南开大学出版社刊行了《中英参照迦陵诗词论稿》；2014年再由南开大学出版社刊行了全13篇的《中英参照迦陵诗词论稿》；据南开大学中华古典文化研究所副所长张静老师介绍，2019年，“全13篇”版因与南开大学出版社之间的“5年合同”到期，又转由外研社刊行，分上下两册。

叶先生在序言中还写道：

美国耶鲁大学的孙康宜教授曾经写了一篇题为《北美二十年来的词学研究——兼记缅因州国际词学会议》的文稿，发表于台湾的《中外文学》第20卷第五期。文中曾提到“论词的观点与方法之东西合璧，这方面最具代表性的学者非叶嘉莹教授不作他想”，又说叶氏“论词概以其艺术精神为主。既重感性之欣赏，又重理性之解说，对词学研究者无疑是一大鼓舞”。孙教授的过誉，使我愧不敢当，而这一切若非由于海先生之协助把我的论著译成英文，则我以一个既没有西方学位又不擅英语表述的华人，在西方学术界是极难获致大家之承认的。

叶先生还在序言中，既详尽又精练地概述了她和海教授的合作经过与内容，并且介绍了海先生的胸襟、理想和理念，以及表达了对于海教授的感激之情和愧歉之意。序言的最后几句话是这样写的：

我对海先生既深怀感激，更对他的胸襟志意和理想

◎ 1970 年，叶先生与海陶玮教授（右一）、法国侯思孟教授（左一）在贞女岛（图片来源：迦陵学舍）

深怀景仰。他去世后，我未能赴哈佛参加他的追悼会，这使我对他一直感到愧歉，所以愿藉此机会把我们合作的经过和他与我合作的理念略加叙述，也算是我对他的感念之一点补偿吧。

第二节　吉川幸次郎先生

叶先生与日本的学者交流虽然不多，但有过交往的却都是日本汉学界“泰斗”级学者或后辈学者中的领军人物。

1970 年，叶先生应美国的一个学术基金会邀请，到贞女岛（Virgin lslands，日本译为“圣女岛”）出席了一个古典文学研讨会，会议期间结识了来自日本的著名学者吉川幸次郎先生。

吉川幸次郎（よしかわ こうじろう YOSHIKAWA-KOJIRO，1904—1980），昭和时代中国文学者，是日本汉学“京都学派”的代表人物，兵库县神户市人，自幼爱读《史记》《水浒传》《西游记》《三国演义》等日文译本。高中时得遇青木正儿，开始学习中文。1923 年进入京都帝国大学文学科，在狩野直喜、铃木虎雄等硕学指导下，专攻“支那语学”与“支那文学”，假期赴中国江南旅行。受芥川龙之介及佐藤春夫之影响而喜爱中国。1926 年以中文书写毕业论文《倚声通论》而毕业，因论文拔群，升入大学院投注于中国文学研究。1928—1931年留学北京大学，以做中国人为目标，日常身着中式服装，说写皆以中文，会话和写作所用中文堪称典雅流畅。1931年回日本直至1946年，在东方文化学院京都研究所任所员，十六年间埋头苦读，据传其所读破汉籍之卷数可谓日本首屈一指。其间，刊行《尚书正义》定本及译本，出版《支那人之古典与其生活》，以及与大山定一所共著《洛中书问》，标志着“吉川学”的基本确立。1947年以《元杂剧研究》获得“文学博士”，同年转任为京都大学文学部教授，担任“中国文学讲座”主任一职直至1967年退休。由于他对日本的中国文学研究贡献极大，1964年成为“日本艺术院会员”,1969年获日本政府颁发“文化功劳者”称号。1970年因其中国文学研究之功绩，获得“朝日赏”。吉川先生是日本近代以来研究中国最著名的大师，当之无愧的“汉学泰斗”。

在1970年贞女岛的会议中，因参加研讨会的学者中有不少喜欢作诗之人，见面便问及叶先生有无新作？叶先生就写了1968年的《留别哈佛三首》向大家求正：

其一

又到人间落叶时，飘飘行色我何之。

曰归枉自悲乡远，命驾真当泣路歧。
早是神州非故土，更留弱女向天涯。
浮生可叹浮家客，却羡浮槎有定期。

其二

天北天南有断鸿，几年常在别离中。
已看林叶惊霜老，却怪残阳似血红。
一任韶华随逝水，空余生事付雕虫。
将行渐近登高节，惆怅征蓬九月风。

其三

临分珍重主人心，酒美无多细细斟。
案上好书能忘暑，窗前嘉树任移阴。
吝情忽共伤留去，论学曾同辩古今。
试写长谣抒别意，云天东望海沉沉。

没承想第二天吉川幸次郎先生就拿来三首和诗——《南海圣女岛中国文学史会次叶嘉莹女士韵》：

世运奔波各异时，人间歌哭志安之。
英灵河岳鸿篇铸，流别文章家数歧。
原始堪寻天雨血，谈诗好向水之涯。

曹姑应有东征赋，我欲赏音钟子期。

南来士女逐宾鸿，谈吐缤纷西复中。
洪浪接天都一碧，檐花经雨逾殷红。
测圭方识星朱鸟，浴海真成王倮虫。
群怨兴观评驳倦，危楼聊倚溯流风。

渊源诗品与文心，古井欲波容共斟。
玉局和陶居海外，兰亭修禊在山阴。
词人慧业堪终古，家法攀援可证今。
溟渤光浮孤岛曙，景情相遇足钩沉。

（一九七〇年庚戌作。见《吉川幸次郎全集》第24卷及《迦陵诗词稿》）

看到吉川先生的诗作，美国威斯康星大学的周策纵教授也立即写了三首和诗。后来有人把这些诗抄寄给了身在美国的顾毓琇教授，顾教授竟也写了三首和诗，一时传为佳话（案：诸诗都已被收录在《迦陵诗词稿》中）。叶先生在《迦陵诗词论稿》以及《中英参照迦陵诗词论稿》的序言中这样写道：“当时吉川教授的和诗中曾有‘曹姑应有东征赋，我欲赏音钟子期’之句，表现出想要邀我赴日本的心意，而我因初到加拿大任教，要用英语教学，工作

◎ 1970年，吉川幸次郎教授的和诗（见《吉川幸次郎全集》第24卷），周策纵教授、顾毓琇教授的和诗（见《迦陵诗词稿》，中华书局2007年版）

附二　周策縱教授和作

一九七〇年十二月九日在貞女島作

蕉葉留青不記時，偶來南國更何之。原文千載窮陶迹，論道三朝見路岐。淮雨別風生島趣，異花奇石滿天涯。蘭亭後會無前約，百代詞人儻可期。

邈邈予懷逐斷鴻，彝銘微故每雖中。俳優比興消愁緣，脂硯丹青品夢紅。稍別意言聞詠絮，細論沉鬱愧雕蟲。橫流逸韻終非井，絕海蓋條魏晉風。

相逢白髮印文心，清濁剛柔與共斟。異地神交惟夏日，故家修竹擬山陰。摛辭引氣猶疑古，偏詣論詩已證今。江海相忘又明日，無端歌哭意深沉。

附三　顧毓琇教授和詩

和葉嘉瑩女士、周策縱教授、吉川幸次郎先生三律。

人間又到歲寒時，白雪紛飛且賞之。天際徒悲星散落，客蹤每苦路分歧。夢遊靈谷經盤谷，志在雲涯傍海涯。便欲乘槎回故土，神州消息尚無期。

離鄉萬里有征鴻，楓樹斜陽山色中。千嶺飛霜寒露白，三更滴淚蠟燈紅。無花春柱待秋桂，何意冬蟲問夏蟲。荏苒光陰逾廿載，雲天悵望玉關風。

出沒星辰豈有心，夕陽無語酒頻斟。蘭亭修禊流觴水，玉笛飛聲嘉樹陰。同好論文兼解字，難能博古復通今。聯吟仙島懷貞女，鬢影釵光夜色沉。

甚重，而且有老父在堂，不敢远行，所以未能赴日本讲学。吉川先生的愿望，直到十三年后才由九州大学的冈村繁教授完成。”

1984 年，叶先生终于来到日本讲学，只可惜那时吉川先生已经过世了。

第三节　冈村繁先生

1984 年秋，叶先生应日本的冈村繁教授邀请，赴日本国立九州大学讲学。

冈村繁（おかむら しげる OKAMURA-SHIGERU，1922—2014）先生是中日学界公认的当代日本汉学大家，也是日本汉学界的一位泰斗级学者。1922 年 7 月出生于日本滋贺县，1944 年入读广岛文理学科大学文学学科汉文学专业，师从著名汉学家斯波六郎教授，毕业后留校任教。大学期间，在斯波六郎指导下，冈村先生深受日本“京都学派”严谨学风和中国清代乾嘉学者遗风的熏陶，打下了扎实的汉学基础。1959 年，冈村先生任名古屋大学文学部助教，1962 年获博士学位，此后历任东北大学助教授（副教授）、九州大学助教授、教授。在九州大学退休后，被九州大学授予名誉教授称号。后转任久留米大学教授，创建文学部（文学院）并任第一届学部长。冈村先生虽没有过到中国的留学经验，但自20世纪80年代起，多次赴中国参加学术研讨会，与许多中国学者结下了深厚友谊。卒于2014年12月，享年93岁。2002年，《冈村繁全集》（共11册）由上海古籍出版社出版发行，这是新中国成立以来首次为一位外国的中国文化研究者出版全集，国学大师王元化先生亲笔作序。在序言中，王元化先生这样写道："他对中国文化怀有的深厚感情是从他长年累月对中国文化的倾心研究中产生出来的……这种感情理应受到中国学术界的珍视。""如果说中国学术文化的价值并不限于中国自身的话，那么我们对中国学术文化的研究视阈也就不能囿于本国范围。就此而言，《冈村繁全集》作为外国的中国文化研究者的全集首次在中国出版，是一件有特殊意义的事情。"

2013年7月30日，《光明日报》刊登过一篇驻东京记者站负责人谢宗睿先生采访冈村先生的报道，标题为《日本人血液中的中国文化》。记者从一幅中国学者书赠的"汉学泰斗"挂轴开始访谈，冈村先生对此说道："所谓的'汉学泰斗'，只不过是我读中国书的时间比较长罢了。从孩提时代起，我读的中国书就多过日本书。十二岁之前，我读的书全是中国的。十三岁进入中学后，学校开设有专门的汉文课程，作为国语的一部分。在当时的日本，大部分小孩子都从十二三岁起开始学习汉文，到了二十岁左右，我们对汉文的理解能力和水平已与中国人不相上下。实际上，在英语、德语、荷兰语等外语传入日本以前，日本社会的知识分子几乎都只学习中国的典籍，其中很多人的见解甚至超过了同时代的中国人。而且，如果没有汉文作为媒介，所谓的‘西学’也就无法迅速地传入日本。……我深深地感到，日本自古以来就是一个被大海隔绝于大陆之外的国家，自然资源和文化资源都十分贫瘠，如果不是积极接受了来自中国的文化，就无法形成日本自己独特的文化。可以说，日本文化是在中国文化的基础上形成的。中国文化已经融入到日本人的血液之中，是不能也无法被抛弃和割舍的。无论是现在还是在未来，日本人都不应忘记这一点。……”

就是这样一位令人尊重的冈村先生，对叶先生也是推崇有加的。1985 年秋，我来到了九州大学留学，成为了冈村老师的学生。他对我说过：“我从叶嘉莹先生身上看到了真正的中国学者的学识。”“我们日本人研究中国古典诗词，囿于语言语感，难以理解其中的美，缺乏赏析的能力，所以善于考据，或者说只能注重考据；而现在的中国学者写的文章又大多都是什么‘现实主义’‘浪漫主义’的大道理，既缺乏考据，又缺乏合理的鉴赏与分析……但叶嘉莹先生则很全面，跟港台地区的学者也大不一样。”这些话是冈村先生在 20 世纪 80 年代末、90 年代初对我讲的。

听完冈村老师的话，我恍然大悟：日本学者研究中国文学，虽得力于他们自古使用汉字，至今语言文字中还保留着古音和古义，对于字面意思的理解没有大的障碍，特别是古文，但是由于会说“华音”的人不多，所以日本人学习“汉文”时多停留在阅读方面，而后来中文的语音发生了很大变化，加之近现代以来中国从日本“逆输入”了很多“和制汉语词汇”，形成了现代汉语，引发现代汉语与古代汉语之间产生了不小的隔阂，导致了会说现代汉语的日本人不太能读懂古文，研究古典的人不会说，又缺乏语感，欣赏不了中文语音之美，所以他们将“做学问”锁定在了查对版本和正典、正义以及本事方面；西方人因不具备“汉字”基础，会说不会写的人比较

◎ 2013 年 7 月，笔者与冈村繁老师

◎　叶先生与冈村繁先生（左二）、刘三富先生夫妇（左三、四）

多，能够读懂中文的已属不易，对于理解汉字的字义和语音的美感更是无从谈起，因此另辟蹊径，只能运用西方的心理学和文艺理论进行分析与读解；中国大陆的学者经历了新中国的各种运动，旧学研究的传统方法已经逐渐遗失，加之中国研究机构图书馆壁垒森严，难以获得所需资料，而且由于个人的外文阅读能力有限，以及直接获取信息的渠道不畅通，致使受到苏联文艺理论熏陶的中国学者，习惯了“主义”式和“结论先行”式的研究方法，导致论文显得比较空洞；中国台湾的学者虽在语音和语感方面无甚大碍，但却缺乏对于文艺理论的系统学习，某些新生代学者依仗自己有过留学欧美的经历，曾盲目运用所学的一些西方“性心理学”理论歪解中国古代诗文……令人难以苟同。如果中国、日本和西方三者的研究方法能够结合起来，才是最为理想的。叶先生的个人天赋与经历，造就她成为了这个时代出色的集大成者。

记得有一次跟姑母说起冈村老师的事情，我刚一说到“冈村先生……”，话就被姑母打断，她教育我说“冈村先生现在已经是你的老师了，你就应该称呼‘老师’，不能再称呼‘冈村先生’！”对此我虽一直谨记于心，可是心中也一直都藏着一个疑问——姑母为什么又允许自己的学生称呼她为“叶先生”呢？没敢问过。

最近叶先生在审阅此稿时，做出如下批语：

因为“叶先生”已经成为了公共大众对我的官称，而且在中文里“先生”原有“老师”之意，不知日本是否也如此？

2010年秋，九州大学文学部中国文学研究室计划为冈村先生庆贺“米寿”（八十八岁），作为冈村老师学生的我也接到了通知，并将此事告知了叶先生。叶先生闻讯后，特地为冈村先生写了一副寿联：

久作春风育桃李，
还从米寿祝期颐。
冈村教授米寿之庆

倾接舍侄言材电话，知明日为教授米寿之庆，聊书短语为贺。

叶嘉莹　谨贺
二〇一〇年九月十八日

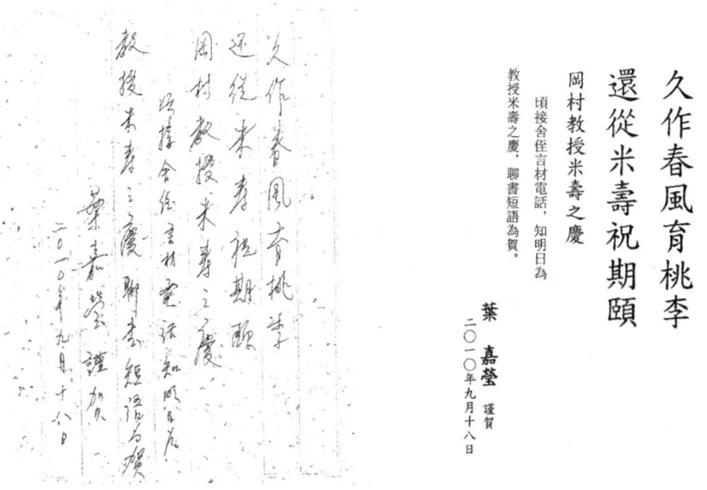

久作春風育桃李
還從米壽祝期頤
岡村教授米壽之慶
頃接舍侄言材電話，知明日為教授米壽之慶，聊書短語為賀。
葉嘉瑩　謹賀
二〇一〇年九月十八日

第二天（9 月 19 日）在“贺寿会”上，我将叶先生发来的手书的传真件和打印件呈献给了冈村先生，冈村老师非常高兴，并让我代他向叶先生转致谢意。

第四节 刘三富（笠征）先生

刘三富先生，加入日本国籍后改名笠征（りゅう まさお RYU-MASAO，1943 —2019），中国台湾高山族人，祖居梨山，是当年叶先生在淡江大学教书时的学生，而且叶先生还曾去过梨山他家做客。后来刘三富赴日本九州大学留学，博士毕业后便留在大学里教中文，直至任教到福冈大学教授退休。

叶先生曾在中国台湾同时教三所大学，很多学生都很

◎ 1985 年 12 月，笔者与刘三富老师在“忘年会”上

喜欢她，后来他们那一代人在结婚生了女儿的时候，不少人给自己的女儿取名都带一个“莹”字，很像叶先生的名字，譬如“佩莹”“佳莹”，甚至直接取名“嘉莹”……多年以后的1984年秋，她应日本九州大学冈村繁教授邀请到福冈讲学时，见到了自己当年的学生刘三富，那时刘三富先生在九州大学做外国人讲师。叶先生才从他嘴里得知了当年许多同学如此给自己女儿取名之事，笑嗔道：“你们这些台湾学生太不懂规矩，怎么可以给女儿取老师的名字呢?”“要取也应该取‘思莹’什么的嘛!”

在九州大学讲学期间，姑母将我的事拜托给了刘三富先生，对他说：“我有一个侄子，性格方面跟你很像，你把他办到日本来学习吧!”因为叶先生相信刘老师受到日本九州中国学界的信任，以及尊师重道，是一位抱持中国传统伦理观念的谦谦君子，才放心地把我托付给刘老师。传道授业与师生相知相得是儒家传承，也因叶先生与刘老师的知得而再现。于是，我便于1985年10月来到了九州大学留学，学业完成后留在日本，在北九州市立大学中国系任教至2021年3月。

刘老师非常热心助人，在日本九州华人中享有盛名。那时来日本留学需要“身元担保人”，即监护人。他担保过许多来自中国台湾和大陆的学生，其中不少人学成后或留日本，或回大陆，或回台湾，或执教于大学，或任职于研究机构。我是他担保的第一个大陆人，为此他还承受了台湾当局派驻福冈机构“担保共匪”的指责，迫使他不得不携家人一起加入了日本国籍。

第五节　连清吉教授

记得2012年3月，叶先生邀请来日本的年轻一辈的学者连清吉教授和东英寿教授到研究所讲学，为学生们开拓眼界。

连清吉（れん せいきち　REN-SEIKICHI，1955—）教授自1998年起执教于日本国立长崎大学，他出生在中国台湾，到日本20年后加入日本国籍。他毕业于淡江大学中文系和东海大学中国文学研究所硕士课程，论文写的是有关“庄子”的题目。1987年10月赴日本九州大学留学，因日本学界将“先秦诸子”不作为“文学”的研究对象，而划入“哲学”范畴，所以他进入九州大学的“中国哲学研究室”攻读博士，师从著名的町田三郎教授，研究日本汉学。町田三郎先生，出生于1932年，是日本著名的中国思想史研究专家，被公认为日本战后研究先秦两汉思想的重要学者之一。连清吉先生博士课程结束后，先在中国哲学研究室做了两年助教，又于1994年受聘于鹿儿

◎ 连清吉教授（左一）、王文俊先生（左二）、叶先生、刘三富老师（左四）在日本福冈空港

岛纯心女子大学。在他的积极运筹下，鹿儿岛纯心女子大学与南开大学“中国文学比较研究所”建立了交流关系，叶先生和时任南开大学常务副校长的王文俊先生，还亲自于1996年底（或1997年初）前来日本，出席了签字仪式。这是叶先生的研究所创立以来，签署的第一个对外交流协议。2012年他受叶先生邀请在研究所演讲的题目是“日本汉学研究”，系统地介绍了日本汉学的“京都学派”。

第六节 东英寿教授

东英寿（ひがし ひでとし HIGASHI-HIDETOSHI，1960—）教授现执教于日本九州大学，曾任日本“九州中国学会”会长，最近于2020年8月卸任。他在九州大学学习时，师从冈村繁教授，自大学本科时就开始研究欧阳修，至今已近四十年。2011年10月，他在一年一度的日本中国学会上发表了最新研究成果，他发现了在中国已经散佚的欧阳修的96封书简，在中日两国学界引起了巨大轰动。2012年他受叶先生邀请在研究所演讲的题目是“欧阳修散佚书简九十六篇之发现”。1984年秋，叶先生到九州大学讲学时，他还只是硕士课程一年级的研究生，也没有过中国的留学经验，受命于冈村先生将叶先生所讲有关“唐五代词”的中文录音整理出来，刊登在九州大学《中国文学论集》上。1986年3月，又将叶先生的一篇“苏轼词论”翻译成日文，刊登在《中国诗人论》（冈村繁教授退官纪念论集）上。

有关上述连清吉和东英寿两位教授应叶先生邀请来研究所演讲之事，《光明日报》也进行了报道，内容是这样的：

◎ 2012 年 3 月，东英寿教授应叶先生之邀讲学时的合影

应中国南开大学中国古典文化研究所的邀请，日本国立长崎大学连清吉教授和九州大学东英寿教授日前在南开大学文学院作了题为“日本汉学研究”与“欧阳修散佚书简九十六篇之发现”的学术演讲。作为“中日国民友好交流年”活动的重要组成部分，该演讲活动受到了南开大学师生的热烈欢迎。

日本学者严肃、踏实的治学态度给中国青年学子留下了深刻印象。连清吉教授结合自己二十余年的研究心得，系统地讲述了日本汉学（中国学）研究的发展过程及其特点。东英寿教授去年在日本找到了在中国散佚的欧阳修书信，这一发现轰动了日中两国学术界。

第七节　叶先生眼中的日本诗教形式与日本诗话

日本是一个“汉学大国”，这是有目共睹的。特别是日本对小孩子进行传统文化教育时，所采用的一些极具特色的方式，有着不少值得借鉴的地方。

多年来，叶嘉莹先生一直致力于中国古典诗词的教学与推广，为中国传统文化能得以更好地传承而殚精竭虑。早在 1998 年，叶先生就曾致信国家有关部门，倡导儿童学习诵读古典诗词，并于近年编撰出版了《给孩子的古诗词》一书，希望孩子们领悟古典诗词中所蕴含的生命力量，培养孩子的心灵品质，从而提升整体的国民素质。

叶先生不但主张和重视中华传统诗词教育要从小孩子开始，而且也一直都在探索和倡导“寓教于乐”的诗教形式。她曾在很多场合提到过日本的“百人一首”。叶先生在《谈古典诗歌中兴发感动之特质与吟诵之传统》（《迦陵论诗丛稿》，北京大学出版社 2008 年版）中写道：

说到对诗歌之诵读的培养和训练，又使我联想到了在日本中小学之间的一种竞赛游戏。这种游戏的名称叫做“小仓百人一首”，简称“百人一首”。

《百人一首》是13世纪日本镰仓时代的歌人（即日本诗歌作者）藤原定家从《古今集》《新古今集》等敕撰和歌集和歌中，按照年代顺序精选集结而成的一百位优秀歌人的一百首诗歌，每位一首，写于彩纸上并贴在京都嵯峨小仓别墅的屏风上，因而又被称为《小仓百人一首》。这一百首诗歌中，内容各异，其中恋歌43首、四季歌32首、羁旅歌4首、离别歌1首、其他杂歌20首。这些诗歌在历史上对日本民众的审美意识形成，产生了深远的影响，至今仍广泛流传。作为日本古典文学的敲门砖，也出现在中学教材之中。

《百人一首》在日本流传如此之久，影响如此之深，除了自身的文学魅力之外，它的兴盛与传承，还与融教育和娱乐于一体的游戏——“百人一首纸牌（又称歌牌、歌留多）”是分不开的。2017年2月，我曾与大连大学的杨华老师联名为《人民中国》杂志写过一篇文章，题为《“中国诗词大会”弥补了叶嘉莹先生的遗憾》，文中详细介绍了这种游戏：

在江户时代初期，《百人一首》中的诗歌被写在了纸牌上，成为新年期间年轻人和孩子们最喜欢的游戏之一，并流传至今。这种纸牌游戏在和式房间的榻榻米上进行。纸牌一套有两组，每组100张。一组是专门供人

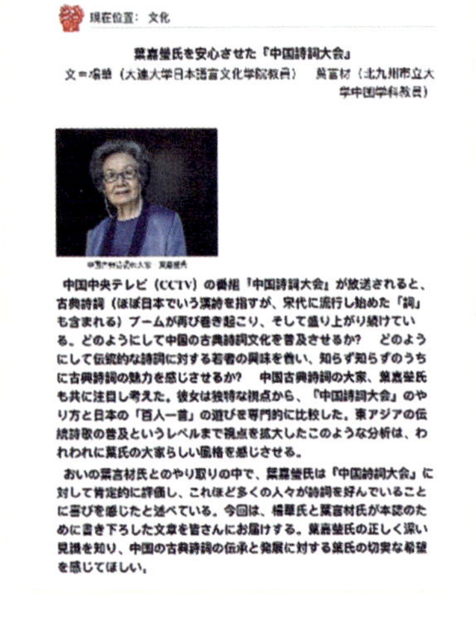
人民中国

現在位置：文化

葉嘉瑩氏を安心させた『中国詩詞大会』

文＝楊華（大連大学日本語言文化学院教員）　葉言材（北九州市立大学中国学科教員）

中国中央テレビ（CCTV）の番組『中国詩詞大会』が放送されると、古典詩詞（ほぼ日本でいう漢詩を指すが、宋代に流行し始めた「詞」も含まれる）ブームが再び巻き起こり、そして盛り上がり続けている。どのようにして中国の古典詩詞文化を普及させるか？　どのようにして伝統的な詩詞に対する若者の興味を養い、知らず知らずのうちに古典詩詞の魅力を感じさせるか？　中国古典詩詞の大家、葉嘉瑩氏も共に注目し考えた。彼女は独特な視点から、『中国詩詞大会』のやり方と日本の「百人一首」の遊びを専門的に比較した。東アジアの伝統詩歌の普及というレベルまで視点を拡大したこのような分析は、われわれに葉氏の大家らしい風格を感じさせる。

おいの葉言材氏とのやり取りの中で、葉嘉瑩氏は『中国詩詞大会』に対して肯定的に評価し、これほど多くの人々が詩詞を好んでいることに喜びを感じたと述べている。今回は、楊華氏と葉言材氏が本誌のために書き下ろした文章を皆さんにお届けする。葉嘉瑩氏の正しく深い見識を知り、中国の古典詩詞の伝承と発展に対する葉氏の切実な希望を感じてほしい。

吟诵的，上面印有作者的肖像画和名字，还有诗歌的“上句”；另一组是专供参与游戏竞赛的人寻找的，全铺在榻榻米上，上面只写有诗歌的“下句”。游戏时，吟诵者说出上句后，参赛的人就要在这 100 张纸牌中快速、准确地找出与该上句所对应的下句，最后以在 100 张纸牌中抢到最多的为胜。百人一首纸牌游戏要求参赛者熟悉这一百首和歌，需要一定的和歌文化功底，并且还考验人的听力、记忆力、反应力等等，可以说是一种既有趣又有难度的益智游戏。更重要的是，通过游戏，提高了人们对古典诗歌的兴趣，于潜移默化中习得了古典文化的情趣与智慧。

每年七月，全日本歌牌协会都会举办“全国高中小仓百人一

◎ 2017 年 2 月 22 日“人民中国”网

首选拔赛”，翌年一月上旬（即日本现行历法的“正月”），在滋贺县大津市的近江神宫举办男子决赛的“百人一首名人战”和女子决赛的“百人一首女王战”，日本放送协会（NHK）的卫星台届时也会进行现场直播。据资料显示，将“百人一首”赛事定在“正月”，大约始于十九世纪末，最早记述见于明治三十年至明治三十五年《读卖新闻》连载的尾崎红叶的小说《金色夜叉》，在物质生活和娱乐生活还很匮乏的时代，“正月赛事”也成为了未婚男女相识的场所。

关于“百人一首”，叶先生在《谈古典诗歌中兴发感动之特质与吟诵之传统》中还说道：

……这种游戏到目前在日本仍很流行。我曾经询问过好几位日本友人，他们都说在学生时代曾参加过此种背诵和歌的游戏，而且那时背诵过的歌往往终生不忘。在与日本的对比之下，我实在为我们这个曾经以诗自豪的古老的中国感到惭愧。我们在过年的节日中所流行的室内游戏，乃是麻将、扑克、掷骰子，也许现在还该加上电子游戏，却没有一项如日本之“百人一首”的寓文化教育于娱乐的，足以培养青少年对祖国诗歌传统之学习兴趣的游戏项目。

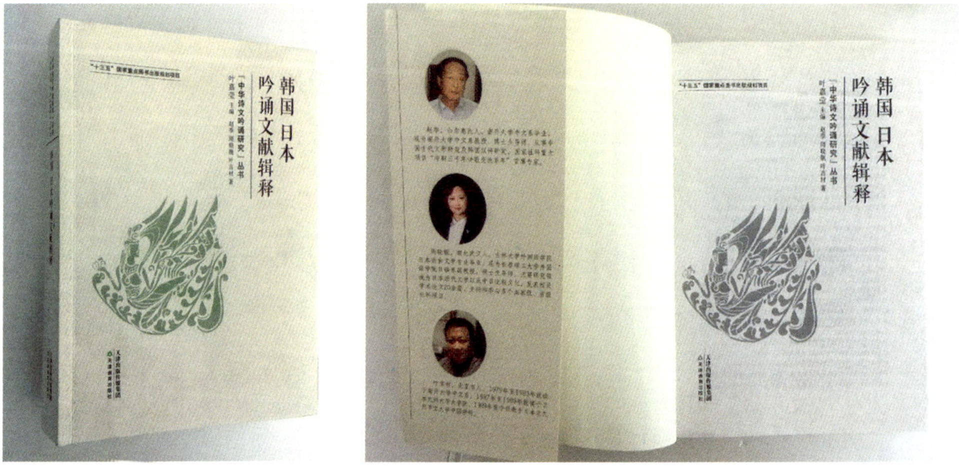

◎《韩国·日本吟诵文献辑释》

我认为，《谈古典诗歌中兴发感动之特质与吟诵之传统》在叶先生诸多讲谈诗词的论文中，是极为重要的一篇，该文系统地论述了中国古典诗歌的美感特质。叶先生认为中国的语言文字不同于其他国家民族的拼音语言，“单音独体”是中国语言文字所独有的特色，而这样的特色也形成了一个要求，即中国的诗歌语言一定要有节奏，因此只有中国才有吟诵。吟诵诗歌贵在能将古人诗歌原有的韵律与自己读诗时的感情融合在一起，使自己的生命和诗人的生命结合起来，令诗歌的生命延续，生生不已。这便是中国诗歌的吟诵之妙。

基于这一主张，叶先生不顾高龄，还承担了国家社科重大项目——“中华吟诵的抢救、整理与研究”，主编《中华诗文吟诵研究》丛书。我与南开大学的赵季老师和长春理工大学的周晓靓老师有幸参与其中，收集韩国和日本的有关文献，编著了一本《韩国·日本吟诵文献辑释》（天津教育出版社 2017 年版）。

此外，我还与赵季师兄以及上海师范大学的刘畅老师自 2011 年至 2019 年，历经八年，收集和编撰了一部《日本汉诗话集成》（繁体竖排，全 12 册，中华书局 2019 年版），收录日本汉诗话 154 种 369 卷（日本诗话汉文 74 种 209 卷，和文 67 种 117 卷，诗语诗韵类 13 种 43 卷）。所谓“集成”，是因其涵盖了日本现存的绝大多数诗话。本“集成”不仅对所录诗话进行了校勘和标点，还为了帮助大多数国人了解日本诗话作者，给每位作者都做了小传。

◎ 叶先生亲自题写书名的《日本汉诗话集成》

须知至今已整整一百年前，日本的著名汉学家池田胤（1864—1934，号“芦洲”）曾于1920年（大正九年）编辑出版过一部《日本诗话丛书》，共10册，所收录诗话仅61种（汉文诗话31种，日文诗话29种，朝鲜人所写的1种），且仅仅是收录，全无校勘与标点。

叶先生不但为此书题写了书名，还专门以文言做序，而且是一篇难得的“美文”。叶先生撰写的《〈日本汉诗话集成〉序》虽有些长，但环环相扣，实在难以取舍，索性在这里将全文提供给大家阅读与欣赏。

泱泱华夏号称诗国，自葩经以降，历二千数百年而生机不斩，其间流播于域外，为当地所效法者，则名为“汉诗”，实吾诗国之辅翼也，而东邻日本尤为特出。学诗者既多，论诗者亦夥，因而有所谓汉诗话之著作，其于诗史乃至批评史之价值，固毋庸赘言。然以其多庋藏于东瀛各地，学者欲窥全豹，大非易事。近者赵季、叶言材、刘畅诸君，跨国交流，精勤合作，搜日本汉诗话计百数十种之多，都为一巨集，于东瀛诗话可谓观止矣！而诸君董理之功，尤在校勘底本之讹，更施以通行标点，附以论家小传，予读者以研究之便。故此集洵可谓后出转精，超迈前修，信乎学林之幸也。

考日人汉诗话之作，肇自李唐，厥后宋明以至有清，代有论著。其文或录中国诗话而条理之，或申中国诗话以观照之，或纪诗人之交游，或论诗律之粗细：于文于史，皆有可观。如日僧遍照金刚（空海）之《文镜秘府论》，能存中国早期散佚之诗论，固早为学者所知矣；又如古贺侗庵氏《侗庵非诗话》，列其所闻见之中国诗话二百余种、千数百卷，其中亦不乏吾华所阙者。按古贺氏生当清嘉道间，则可知所见诸书当时东瀛尚有流传也。苟能按图索骥，对比勾稽，或可发遗文于故纸，还妙论于先贤，斯亦礼失求诸野之义欤！然则此集编者爬梳发覆之功，固不可没焉。

日人江村北海氏《日本诗史》尝言："夫诗，汉土声音也，我邦人不学诗则已，苟学之也，不能不承顺汉土也。"虽然，若日人但知步趋中国，则其诗与诗论又曷足贵哉。夫善学者必能入且能出，如《柳东轩诗话》云："将作伪唐诗乎？黄金铸历下生；将作真唐诗乎？铁鞭打历下生。"盖就旧题李沧溟《唐诗选》而发，考其书流布东瀛甚广，从之者既众，而后乃有具眼者出，能自立而不为所囿。又如前述古贺氏之《非诗话》，自云"慨诗道之日衰，发愤而作，出乎不得已"，故遍览汉和诗话，而后条其弊为十五种，皆深中肯綮，是则如古贺氏者亦可谓善学矣。今世有善学者，当更宜破除成见，广览博收，既沿波以讨源，更忘言而得意，斯不负古今作者编者之苦心哉！

而日人论诗之尤可注意者，厥惟其乐于言律。按汉诗之讲求音韵格律，大约肇自六朝，此盖为中国诗学对于语文之声韵开始有所反省之时期，其后声调之格律既定，一般作者多已对此有所熟知，于是后世诗话乃少有斤斤于言律者。至于以日人而习汉诗，仅由言文之隔阂，其困难已相倍蓰，宜其欲先求声律也。然则如谷斗南氏《全唐声律论》煌煌二十五卷，综覈全唐近体诗为五类百余格，其用心之细与用力之勤固可嘉许，而世之好尚唐音者，亦可循此以登堂焉。

尝慨天之生人，赋才若吝，故长于论述者每短于创作。考历代之诗话，虽论者未必为绝顶之作者，然其人或眼高于手，故其论亦不无可采。且古人诗话之作，常于抑扬轩轾之中，存金针度人之意，是尤不可不知者也。至今人之所谓研究，则多属批评之一体，惟偏重考证与评赏，于创作之途则向不措意。至有音声俱废，平仄不通，作诗之甘苦未知，论诗则妍媸莫辨，此亦思而不学之过也。古云“技进乎道”，今技且未通，则道将安至？此所以今人学诗论诗，亦必以声律为先也。

要之此集诗话所论列，其中之零圭碎锦与微言宏论，固足补中国诗话之阙疑；而其详研诗律者，亦学诗之初阶、论诗之基础也。此一点颇可以补中国诗话鲜谈音律之不足，虽所辑之诸诗中或有未尽臻于大雅者，然排沙简金，亦复往往见宝。论诗者既可以为攻玉之石，学诗者亦可以为入门之径，仁者智者，斟酌而自取之可也。

夫治学者眼界须大，胸次宜广，方今世界交流之便远过古时，而中外学术之融汇互通，乃为大势之所趋。今兹赵叶诸君沟通汉和，善用资源，广集博采，成此巨编，其付梓也，将不仅有益于今日研究中日文化交流之历史者之参考，且对两国之欲学习中国古典诗歌之写作者，亦当大有帮助。故乐为之序。

叶先生是在基本上通读了这部《日本汉诗话集成》初稿后，才撰写的这篇序文，而且数语便点到其中深邃与关键之处。特别记得她说过："中国人写诗话，是给懂韵律会读诗的人看的，而日本人传授汉诗，则是要从初学汉文（中文）不懂韵律的人开始教起，所以他们写的诗话里，有一部分是专门教授韵律的入门内容。这些又恰恰是以前中国人所不够重视的，而对于现在和今后的中国传统诗词教育，却是有相当重要的参考价值。"

叶先生写作此序文时，已是 95 岁高龄。想必大家对于叶先生的文章并不陌生，但恐怕绝大多数的人都是第一次读到她的这样整篇的文言文吧！

第七章

一己谬见

第一节　大师需要有识见

叶先生最近对我说：现在许多人都把“有学问”当作最高境界的评价，其实“学问”并非是最高境界，“有识见”才是最高境界。因为识见是由“识”与“见”组成的，“识”只是通过学习积累起来的“学问”，而“见”则是需要在多读书的同时，多走多看，博学多闻，开阔视野，多经历，善体悟…… 所以“有识见”实在是由学问加上生活的经历和体悟而养成的。

我认为：叶先生之所以能成为“大师”，是因为她的兴趣广泛，涉猎广泛，除了喜欢诗词和古典文学以外，还关心着许多其他方面的东西。比如，她到欧洲时去听歌剧、看话剧，在北美时去看电影和各种展览……回到国内时，只要我们同时都在北京，就还一定会让我陪她去电影院看中国电影，但必须是好作品，或者正在引人关心、热议的作品。记得2001年底，张艺谋的《英雄》正在热映，那时叶先生已年近八十，我们一起去看了，这也是目前我陪她看的最后一场电影。2008年，李安的《色·戒》在天津公映，叶先生已经84岁，听说她还跟南开大学的几位老师一起去看了。只要一回到国内，她都要问我最近有什么新的值得看的影视作品，听了以后，就会让我给她找来光盘。据我知道，叶先生在天津的时候，还受邀专程到北京看北京人艺郭启宏先生创作的话剧《李白》，看白先勇先生创作的昆曲《牡丹亭》……2019年8月下旬，我在网上看到北京人艺正在上演冯远征导演的话剧《杜甫》（郭启宏编剧）的消息，而且介绍说：导演在剧尾安排了杜甫与李白等人再会场面。那时，叶先生正在病痛之中，听我说了以后，便说："我现在生病不能出门，你替我去看看这部戏。"我查询了票务情况以后发现，此剧只演到8月28日，早已无票可购。叶先生又让我寻找剧本给她看，遗憾的是一直未能找到。

要知道叶先生在中国历代诗人中最为钟爱的就是杜甫，多年前她为了回国教书，曾写过："构厦多材岂待论，谁知散木有乡根，书生报国成何计，难忘诗骚李杜魂。"（《赠故都师友绝句十二首》之十二）"天涯常感少陵诗，

北斗京华有梦思。今日我来真自喜，还乡值此中兴时。”（《纪游绝句十一首》之二）还有“咫尺荣枯悲杜老”（《祖

◎ 话剧《杜甫》剧照（冯远征导演提供）

国行长歌》)。但尽管我动员了不少关系，却一直未能满足她的愿望。转眼已近两年，本以为已经无望，不想前两天(2021年5月15日)，我在“抖音”上偶然看到多年的小友桐瑶（歌手）曾与冯远征导演同上一台节目，便冒昧相求…… 仅过两天，桐瑶便打来电话，告知冯导欣然同意，且愿意为叶先生寄赠剧本和DVD光盘。其实，桐瑶与冯导也只有那一面之缘，何况还是工作关系…… 足见二人都是乐于助人之人，当真令我感激不已！我立即给叶先生打去电话汇报此事。叶先生听后非常高兴，立即兴奋地说:“杜甫跟李白是见过面的，而且还一起游历了许多地方，关系非常好，他给李白写过一首《与李十二白同寻范十隐居》，里面有‘醉眠秋共被，携手日同行’，由此可见他们之间的关系有多好……”并且，叶先生在电话里再三嘱我代替她向冯导和桐瑶致谢!

果然，迦陵学舍很快就收到了冯远征导演快递来的剧本、DVD光盘，冯导还通过桐瑶将剧照和他写的“导演絮语”发给了我。

2016年4月30日，叶先生为了拓宽青年学子们的视野，邀请了《人民中国》杂志总编辑王众一先生前来研究所进行演讲，题目是“日本电影在中国的传播及其折射的中日关系”。《人民中国》是中国政府对日的唯一一本日文杂志，王先生现为全国政协委员，在国内有着“日本电

◎　叶先生出席王众一总编的演讲会

◎　叶先生与王众一总编合影

影研究第一人”之称。他在一段记述中谈到：“令我倍感荣幸的是，叶先生也亲自出席了这场交流活动，她从自己七、八岁时所看的阮玲玉主演的电影《恋爱与义务》谈起，简单勾勒了自己人生不同阶段所接触到的电影，还分析了黑泽明的《罗生门》讲述的围绕某个事实各自的记忆却因

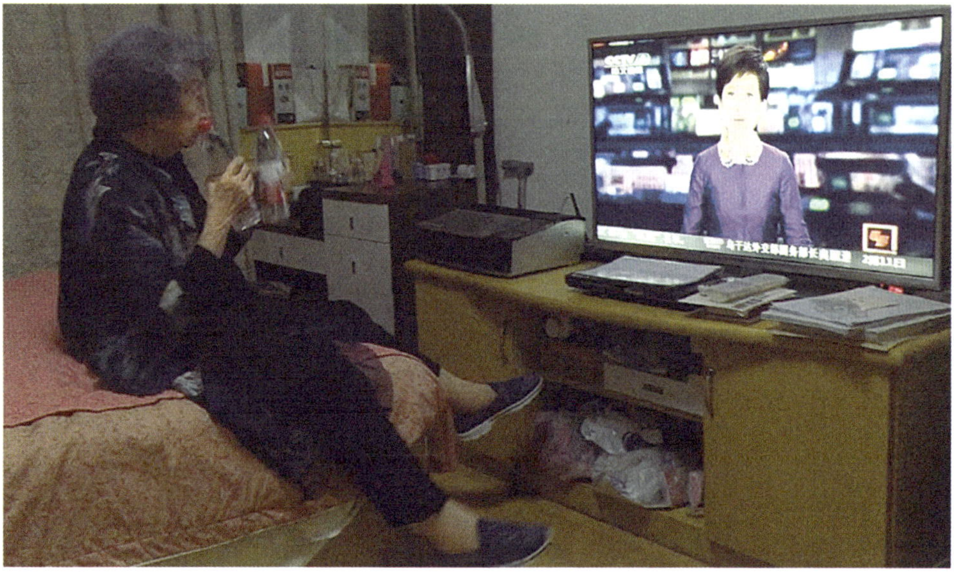

◎ 叶先生在晚餐后边看电视新闻边手持水瓶运动

人而异这一现象所具有的普遍意义，引领大家在光影与现实的交织中穿梭时空。”

演讲会结束后，叶先生还为王众一总编题赠了自己的诗句：“柔蚕老去丝难尽，要见天孙织锦成。”

我想说的是：文学艺术，触类旁通。叶先生具有着各种各样的艺术积淀，而且非常丰厚，就连是在病重的时候，她仍很关心时事，每天吃完晚饭，还一定要看新闻联播，如果吃饭时间稍微晚了一点儿，就边吃边看。当年初到南开讲学时住在宾馆里，她会蜷腿坐在椅子上，边看电视边手工缝改自己的衣服。近几年是边看电视边做着自己编的一套健身体操，坐在床头时而双手各拿一个装满水的瓶子，上下举动锻炼臂力，时而仰卧起坐，锻炼腰背和腹部，时而将垂地的小腿反复抬平再放下，锻炼腿部肌肉……总之，是在关心时事和娱乐的同时“强身健体”。

所以直至数年前，每年的 12 月 24 日，无论我是在日本还是在国内的什么地方，我都会赶到天津，与叶先生和她的弟子们一起聚餐，餐后大家再到叶先生的住处聚会，背诗词，行飞花令，唱戏，讲笑话，还有为叶先生弹奏琵琶或古筝……那时我经常会在餐桌上提醒大家一点：不要只是注意叶先生对于古典诗词的钻研，而忽略了她的博学多识。

第二节　叶先生的成就管窥

叶先生当年的授业恩师是顾随先生（1897—1960，本名顾宝随，字羡季，笔名苦水，别号驼庵）。顾先生先后在河北女师学院、燕京大学、辅仁大学、中国大学、北京师范大学、河北大学等校讲授中国古代文学，桃李满天下，弟子众多，其中享誉海内外的专家学者有周汝昌先生、史树青先生、吴小如先生、郭预衡先生、杨敏如先生、王双启先生……还有叶嘉莹先生。

由于姑母叶嘉莹自幼聪颖、好学、善悟，顾先生对她一直青睐有加。1946年7月，顾先生曾给已经毕业了的叶先生手书信函，寄予了无限期许。现将该信抄录于下：

两日以来，气候骤变，暑雨蒸湿，大有人霉之势矣。不佞腰腿之疾，最怕此种天气，愈益不能读书作文。携去书数种，恐不能餍足足下读书之欲；但如为学习英文计，或当不无小补耶？不佞虽不敢附和鲁迅先生“不读线装书”之说，但亦以为至少亦须通一两种外国文，能直接看“洋鬼子书”，方能开阔心胸，此意当早为足下所知，不须再喋喋也。年来足下听不佞讲文最勤，所得亦最多。然不佞却并不希望足下能为苦水传法弟子而已。假使苦水有法可传，则截至今日，凡所有法，足下已尽得之。此语在不佞为非夸，而对足下亦非过誉。不佞之望于足下者，在于不佞法外，别有开发，能自建树，成为南岳下之马祖；而不愿足下成为孔门之曾参也。然而“欲达到此目的”，则除取径于蟹行文字外，无他途也。凡以上所云云，足下亦能自得之。苦水所以不能已于言者，则是老年人絮聒之常情，自知其可叹而不克自已耳。草草。此致

迦陵女棣

（见赵林涛、顾之京编《顾随与叶嘉莹》，河北教育出版社2009年版）

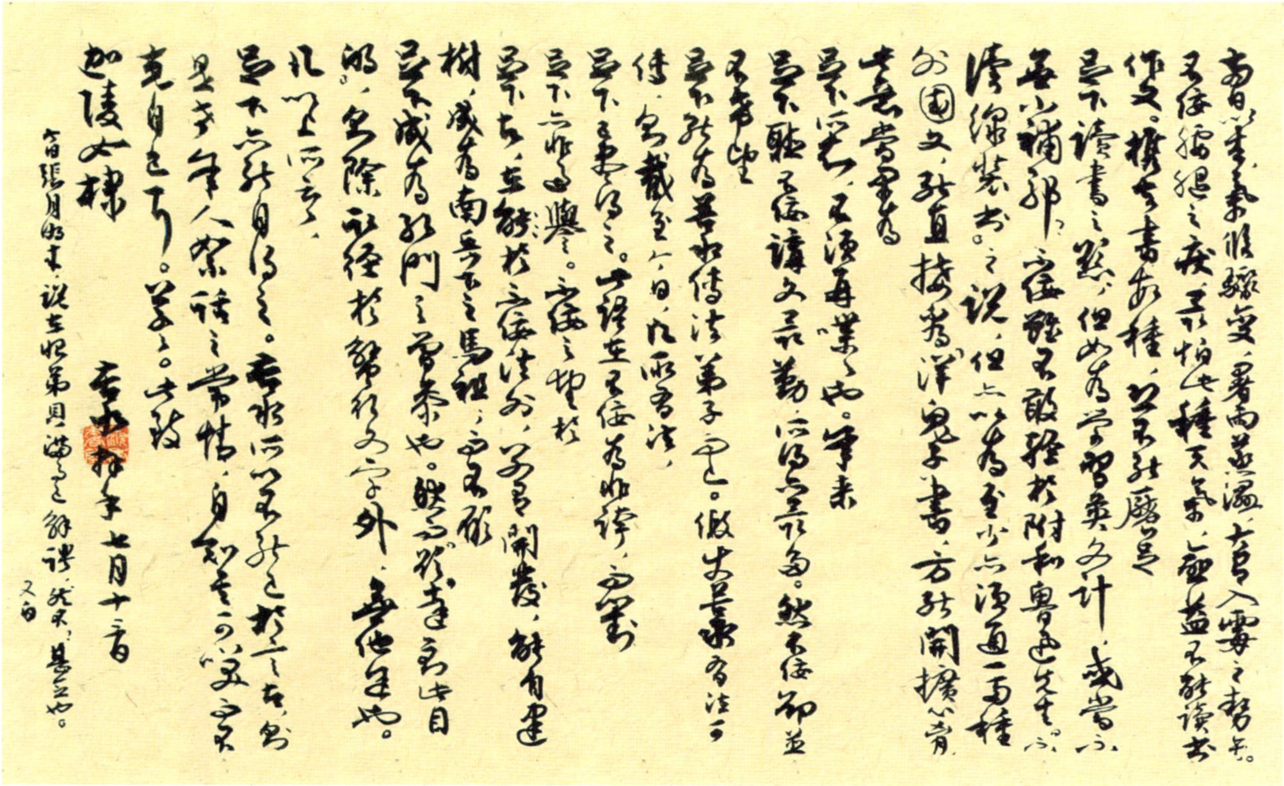

◎ 1946年7月13日，顾随先生写给叶先生的信（此信一直都以镜框装裱，悬挂于叶先生的居所内。图片来源：迦陵学舍）

其中最为期许之语是：“不佞之望于足下者，在于不佞法外，别有开发，能自建树，成为南岳下之马祖；而不愿足下成为孔门之曾参也。”

叶先生在电话中对此文进行了说明：“南岳”指的是唐代高僧怀让，“马祖”是马祖道一，其随怀让学禅多年，后开宗立派，对中国佛教作出重大贡献。顾随先生以马祖为喻，告诫叶先生不要只是依从，而为老师所局限，应该勇于突破，有所开创。“蟹行文字”指的是横向书写之字母文字，即洋（外）文。信中所说：“除取径于蟹行文字外，无他途也。”意为只有借助外文，才能够“达到此目的”。

叶先生定教南开后，便以老师顾先生晚年名号“驼庵”，为南开大学设立了“叶氏驼庵奖学金”，用以奖励后辈学子。

叶先生自 1945 年大学毕业后，教书育人已历七十五载，而且每次讲课时，一定是站立于讲坛之上。她的著述之多，用“著作等身”一词已然不足以形容。

我曾听过这样一种说法：一个人最好的状态就是眼睛里充满了故事，但脸上却不见风霜；一个人在这个社会上让人尊重，一定是经历了很多事，还能够堂堂正正地站在人们面前；当他（她）呈现出这种状态的时候，对别人又不羡不嘲，才能够获得别人的尊重。我认为叶先生就是这样的人。

叶先生对于中国诗词理论学说的贡献和晚年倾其所有致力于中国诗教的传承，是她人生的最大成就。

（一）开创“兴发感动说”

回顾中国诗词理论的各种学说与传统，自孔子的“兴观群怨”和《尚书·舜典》的“诗言志，歌咏言”伊始，经过《毛诗序》的“诗者，志之所之也，在心为志，发言为诗”，以及陆机《文赋》的“诗缘情而绮靡”，历两千五百余年至今，产生过众多学说，其中以严羽的“兴趣说”、王士祯的“神韵说”、袁枚的“性灵说”、张惠言的“比兴寄托说”为历代文人学者所瞩目。此后，王国维在《人间词话》中提出的人生三种境界，随着时代的变迁和文化教育的逐渐普及，由此其“境界说”深入世间人心，致使一百年来再无什么学者进行新的思考和提出新的理论。

我觉得王国维在《人间词话》中只是提出了一个模糊的“境界”概念，利用三段词句，令人们读之而由语意产生出联想，从而对人生得出某种似是而非的感悟，但是很模糊，未能讲清为何会引发且升华出这种“境界”，也就未能讲清楚何为“境界”，以及达到这种境界之过程。而叶先生则结合了中国诗歌“比兴寄托”的传统和西方“接受美学”理论，在授课过程中，反复针对作者在作品中所用典故进行诠释，旁征博引，启发和调动听众（即读者）对于作品的认知潜能——读者自身对于事物的认知积累，在理解了作者创作意图和接近了作者创作时的心境后，将单纯的作者的主观思想，无缝衔接般地转换成为“作品的客观思想”。这一过程，扩展了读者的理解范围与联想空间，使读者与作者之间形成了某种“隔空互动”，而且这种互动穿越了千百年，化单向为双向——原本作者的单向讲述，化为受众方反作用于作品的逆向联想，乃至赋予了作品新的哲学思考与意义，从而获得某种人生感悟，达到某种境界。我认为这个实现的过程，就是叶先生所提倡的“兴发感动”说，只有这样才能阐述清楚王国维先生所说的实现“境界”的过程。

为了便于大家的理解，我在这里附上叶先生讲授《离骚》时的一段话，以供参考：

在中国的诗歌中，还有一种“比兴寄托”的传统。我们在这里所说的“比兴”，与前一课所讲“诗六义”中的“比”和“兴”有一定的区别。“诗六义”的“比”和“兴”，包括朱熹所说的“比而兴”或“兴而比”，乃是就诗歌开端感发作用的由来和性质而言；而“比兴寄托”所强调的则是诗歌中有“意在言外”的寄托。李商隐有一首《无题》诗：“八岁偷照镜，长眉已能画。十岁去踏青，芙蓉作裙衩。十二学弹筝，银甲不曾卸。十四藏六亲，悬知犹未嫁。十五泣春风，背面秋千下。”这首诗里，作者是在写一个女子吗？不是的。作者真正所要写的乃是一个男子，这个男子虽然有美好的才能和品德，却找不到一个能够赏识他并任用他的对象。诗中“长眉已能画”是从《离骚》“众女嫉余之蛾眉兮，谣诼谓余以善淫”中的“蛾眉”引申而来；而“芙蓉作裙衩”则直接脱胎于《离骚》的“制芰荷以为衣兮，集芙蓉以为裳”。这就是人们常说的“美人香草以喻君子”，是中国传统文化中一种独特的比兴方法，它的源头来自《离骚》。

在屈原笔下，美人与香草的形象比比皆是：“余既滋兰之九畹兮，又树蕙之百亩”——用香草比喻人才；“众女嫉余之蛾眉兮，谣诼谓余以善淫”——以美女自比；“朝饮木兰之坠露兮，夕餐秋菊之落英”——以美好的花草比喻高洁的品质；“思九州之博大兮，岂惟是其有女”——以美女比喻贤君。后世诗人继承和发展了《离骚》这种独特的比兴方法，有的以香草为喻：“兰若生春夏，芊蔚何青青”（陈子昂《感遇》），“兰叶春葳蕤，桂华秋皎洁”（张九龄《感遇》），“菡萏香销翠叶残，西风愁起绿波间”（李璟《山花子》）；有的以美人为喻：“绝代有佳人，幽居在空谷”（杜甫《佳人》），“敢将十指夸针巧，不把双眉斗画长”（秦韬玉《贫女》），“早被婵娟误，欲妆临镜慵”（杜荀鹤《春宫怨》）……尽管由于时代的不同，诗人们在感情与志意上和屈原不一定完全相同，但不可否认的是，这些诗中对美好芬芳事物的那种爱惜和向往之情与《离骚》是一脉相承的。在《离骚》中还有一个习惯，就是经常以服饰容颜之美来象征品德之美，如我们前面提到过的“制芰荷以为衣兮，集芙蓉以为裳”，还有“佩缤纷其繁饰兮，芳菲菲其弥章”等，这种表现方法，在以后的《古诗十九首》和曹植《杂诗》等作品中都有所体现，这里就不一一列举了。

叶先生就是这样使作者与读者互动起来的。

叶先生通过这样一种方法来阐释和分析作者与作品，使得读者和学者在看待与理解中国古典诗词的时候，产生了一个极大的飞跃——标准与评判的飞跃。可以形成一种既清晰又容易把握，而且又非常具有审美理想的标准，并以之来对古人的诗词作品进行分析、把握和判断，从而也使我们对于千百年来古人对于中国古典诗词的评价标准，有了一个非常清晰的把握。同时，通过这样一种标准，又可以令人们对于诗词产生某种追求。

可以说，叶先生的“兴发感动说”，把千百年来只可意会却难以言传的中国诗词的美感特质，阐释得明明白白，清清楚楚，开创了中国古典诗词研究、欣赏、解析的一种新境界，填补了中国的文学鉴赏史上、中国古典文论史上以及文学理论方面的一大空白。

◎ 2018年6月24日“南开大学荷花节”（富察格格摄于迦陵学舍）

可以说，叶先生之所以能够开创“兴发感动说”，既是偶然，又是必然。她自小熟记《论语》，背诵和创作古诗，师从大家的幸运，蓬飘海外的体验，执教北美，外语讲诗，以及多舛人生的经历……基于个人的天赋和种种巧合的机缘，终于将所继承的中国诗词理论传统与西方的文艺理论和心理学理论完美地结合在了一起，开创了“兴发感动说”。她的集大成于一身，正应了“天将降大任于斯人也”那句古话，而且还是应在了一个“弱德”女子身上。

（二）西方理论与中国古典文论相结合

叶先生对于中国诗词的另一大贡献，就在于她将当代西方文学理论和心理学理论与中国传统文论相结合，使得中国自古以来艰深晦涩、只可意会而难以言说的学说，变得容易令国人领悟与理解，更使得中国诗词走向世界，也容易为外国人所接受。

中国的“词”这一文学体式，相较于诗来说，就更是令西方人难以理解。比如，在中国的近邻日本，自古就是一个“汉学大国”，对于中国诗的学习和研究可谓有成，甚至创作汉诗，撰写诗话……但时至今日，对于中国词之研究却仍然是少之又少。日本尚且如此，更何况西方呢？所以冯其庸先生对叶先生之于中国词学方面的贡献，曾当面给予过很高的评价，记忆中他说过：让中国词学走向世界，这是叶先生对中国词学的最大贡献，这是过去那些老先生——俞平伯先生、夏承焘先生所没有做到的。

曾听姑母说起：当年她初到北美时，只是因为突击记背《英语900句》，口语才得以应付日常生活，而受到哈佛大学海陶玮教授推荐到加拿大不列颠哥伦比亚大学后，系主任对她提出条件说：“如果你只教几个研究生的话，我无法给你‘终身聘书’，你必须上大课才行。”要知道这份聘书对于经历过台湾当局“白色恐怖”的叶先生来说，是多么重要呀！有了这份聘书，她就可以带同全家人脱离不堪而走向新的生活……于是她接受了这一条件——上大课。为了养活全家和能够讲好课，她每天晚上都要一边查英文词典一边备课到深夜，还要查着词典给学生们看论文。结果，在叶先生接手这门课以后，吸引来了很多学生，从前任老师时的十六七个学生，一下变成了六七十个学生。所以叶先生很快就拿到了“终身教授”的聘书。

而且最近叶先生补充说：当年香港大学宋淇教授给她写过书信，宋教授与她本无来往，但因读过她的文章著作，很是景仰。宋教授担心她的英文不好拿不到加拿大的终身聘书，所以想请她到港大去。没料到她居然闯过了英文教学的难关。叶先生表示“只可惜我没有见他一面，他就去世了。现在还保留着那些书信，作为当年的记录”。2015年10月，宋教授的书信在香港《明报月刊》发表，上有叶先生撰写的一篇序言——《〈一组四十六年前的书信〉序言——纪念一位未曾谋面的友人宋淇先生》（收录于《迦陵杂文集二辑》）。

宋教授原名宋奇（1919—1996），是浙江吴兴人，笔名林以亮、宋悌芬、欧阳竟、余怀、杨晋、竺磊等。先后就读于上海光华大学、北平燕京大学西语系。抗战期间在上海从事话剧和学术活动，编有舞台剧《皆大欢喜》，好友中有傅雷、钱钟书等。1948年移居香港，先后担任美国新闻处编译部主任、电懋影业公司制片部主任、邵氏影业公司编审委员会主任。主编过《美国诗选》《美国七大小说家》《美国文学批评选》等，创作了脍炙人口的电影剧本《南北和》等。1972年，他创办了杂志《文林》。1968年至1984年，执教于香港中文大学，筹组翻译研究中心并任主任，主持出版《译丛》(Rendi tions）中译英半年刊，他还是香港翻译学会发起人之一。退休以后，仍阅读笔耕不辍，直至谢世。生前和张爱玲过从甚密，与其妻邝文美同为张爱玲的遗嘱执行人。

叶先生抵达温哥华之前，南怀瑾先生曾介绍她去见了一位占卜能人，卦辞中有“时地未明时，佳人水边哭”二句。先是不甚明了，待到申请美国签证有“移民倾向”而受到刁难，为了撑起全家人的生活和未来，辛苦之状难以言表，只好一个人暂且留在滨海城市温哥华面水而泣时，方才明白其中道理，数夜不眠，写下了这首诗：

异　国

一九六九年秋

异国霜红又满枝，
飘零今更甚年时。
初心已负原难白，
独木危倾强自支。
忍吏为家甘受辱，

寄人非故剩堪悲。
行前一卜言真验，
留向天涯哭水湄。

注：来加拿大之前，有台湾友人为戏卜流年，卜词有“时地未明时，佳人水边哭”之言，

初未之信，而抵加后之处境竟与之巧合，故末二句云云。

后来，叶先生待英文水平提高以后，便去旁听其他老师们的课程，她在讲授“西方文论与传统词学”时，以及在《西方文论与中国词学》（收录于《我的老师顾随先生》一书，河北大学出版社 2017 年版）一文中，都详细地讲述了这段过往和心得感受，现节选部分讲授内容于下：

漂泊到海外之后，不得不要用英文教书。没有办法我就看了很多英文书。我这个人其实是相当喜欢学习，在读书的过程中，我发现我们中国没有办法说明白的这个东西，有些西方的文学理论可以把它说明。我当时也不是抱着这种目的，我只是去听课，旁听，听人家讲课，然后我就看书。我是上个世纪六十年代去到北美，当时正是女性主义盛行的时候，所以我就看了一些女性主义的书。女性主义的兴起，本来是要追求男女的平权，最初它的目的是追求男女平等。

西方最有名的女性学者是西蒙娜・德・波伏娃，西

蒙娜·德·波伏娃写过一本书叫《The Second Sex》,《第二性》。这本书与小词有关系。我这个人喜欢乱看,也喜欢胡思乱想地乱想。为什么这个女性的研究对于我们研究词的特质很重要?因为《花间集》(《Among Flowers》)都是写美女跟爱情,不管是用男子的眼光,或者用女子的口吻,都是写美女跟爱情。西蒙娜.德.波伏娃在《The Second Sex》(《第二性》)中说了,女性是男性眼中的他者……说在男人的头脑里面女性是other,跟他不是一个同类。她说男性看女性是什么呢?是being looked at,就是让男性来看的,来欣赏的。男性是喜欢看一些美女,女性就是被男性看的。而且男性用什么样的眼光来观看呢?波伏娃说是用男性来看女性的眼光。

《花间集》里面有这样的作品,我们可以举了一个例证,如《南乡子》,作者是欧阳炯。欧阳炯就是给《花间集》写序的那个人。他写了这首小词,"二八花钿",二八一十六岁女子最美丽的年华……头上戴着花钿。"胸前如雪脸如莲。"这是男性的眼光。"耳坠金镮穿瑟瑟,霞衣窄",彩霞一样的衣服,很窄的,抱着身体的。"笑倚江头招远客。"这是一个摆渡船的女子含着微笑在江边招呼客人来上船。这是《花间集》里面写的男人眼光中的女性。

……

在中国的诗歌里面,从唐诗来看,不管是春宫怨,还是闺怨，都是写的怨妇。宫中后宫佳丽三千人，三千宠爱在一身，那两千九百九十九呢，都是怨妇。在中国的诗歌里面本来就有怨妇。词里面也写这种孤独寂寞的女子，也是怨妇。可是你仔细地想一想。词里面所写的怨妇就和诗里面所写的怨妇有了很大的差别。中国诗里面所写的怨妇都是有家庭背景的，是弃妇。比如“荡子不还乡”，家中的妻子是有所归属的。可是《花间集》中的女性都是歌儿酒女，是没有家庭归属，她不是妻子，不是女儿，不是母亲，是无所归属的女性。

我这个人喜欢胡思乱想，反正我在西方，他们讲女性主义，我就也去听一听，也去看一看，于是我就看到了，Mary Anne Ferguson 写过《文学中的女性形象》，《Images of Women in Literature》。西方这些女性主义者他们所写的女性还不是我们中国诗里面的女性，西方所分析的都是小说里面的女性。我们中国是诗很发达，西方小说很发达。所以他说一般文学小说所写的女性一个是妻子，the wife，一个是母亲，the mother，偶像，idol，性对象，the sex object，再者就是没有男人的女性，women without men。Lawrence Lipking，美国一个学者，我在美国教书的时候，他也在美国教书。Lawrence Lipking 写了一本书，《Abandoned Women and Poetic Tradition》（《弃妇与诗的传统》），而作者往往是男性。中国的那些诗歌写了很多弃妇，作者也往往是男性。Lawrence Lipking 就说这么一句话，他说，男人比女人更需要这个弃妇的形象……男子其实有的时候更有被弃的感觉。他在一个机关里面不被重用，他在朝廷里面不被重用，他被同事所轻视，男子也常有被抛弃感……男子更要面子，他在外面如果不得意他是不肯说的。所以他说男子其实更需要这种被弃的形象，所以小词里面所写的弃妇就很可能有男子的托意。像温庭筠使用一个孤独寂寞的女子，是"懒起画蛾眉，弄妆梳洗迟"，是女子被抛弃了，男人走了不回来。张惠言说什么？是"此感士不遇也"，这是一个男子得不到人的欣赏，不被重用，所以才写了一个寂寞的女子。这也就说明了为什么小词会被人解成有很多寄托，有很多隐喻的缘故。

到后来我还在西方看了别的书，听了一些别的课。我这个人好奇，也喜欢刨根问底，我就看西方一门学问，叫 hermeneutics，诠释学，你怎么样解释，对这首诗你怎么样解释，对这首词你怎么样解释，叫 hermeneutics。……西方的 hermeneutics，有一个术语，他说什么呢，他说 hermeneutics circle，circle 一个循环，它说诠释，是一个循环。什么是诠释循环？我解释这首诗，我解释的果然是这个作者原来的意思吗？不一定，你不能够确认这就是他的意思。这是你讲这首诗的意思，换了一个解释人有另外的解释，诠释是一个循环，不一定是作者的原意。你永远不知道作者的原意。这都是诠释人解释出来的意思。所以对于一首小词怎么样来解释，这是不确定的。

我在北美的那几年，是西方的文学理论最发达的几年，最有意思的几年。像这个 William Empson 就是那个时代的。William Empson 他有一个说法：the Seven Types of Ambiguity。Ambiguity 是模棱两可，不清楚的意思。The Seven Types of Ambiguity 诗歌的解释有的时候是模棱两可的，他列举了七种的模糊不清的、模棱两可的类型。我在哈佛教书的时候，我是亲自去听了 William Empson 的讲演，所以我是赶上了一个西方的文学理论特别盛行发展之快的一个时代。其实现在已经没落了。那个时候是我赶上了那个时代。

所以我知道解释一首诗、解释一首词不是那么简单，不是这么容易的事情。你不知道这个是不是作者的意思，而且它有多种解释的可能。“感时花溅泪”，花上溅上了我的泪点了，或这花瓣落下来像眼睛流泪了。有的时候一个诗句有多种的可能性，有很多的 possibilities，就是一个诠释循环，就是 circle，你代表你诠释者自己，而且有这么多的 Ambiguity，有这么多的模棱两可的可能性。原来西方传统的文学理论是重视作者，说这个作者写这首诗的时候是在什么时间，什么地点，给什么人，我要考证一番，跟中国的旧传统有相似之处。可是他们的重点后来转移了，就从作者转移到作品，对作品的研究。从作者转移到作品，然后就转移到读者的接受。

其实这些作品，所有的诗，每一个语言就是一个符号，linguistic sign 就是一个符号，所以他们有符号学，theory of semiotics，诗歌就是一串语言的符号。对于这个符号你怎么样解释，有多种的可能性。于是他们就从作者转到作品，就提出了 close reading 细读，分析每一个字的作用。然后就移到接受的美学，读者的反应。沃尔夫冈·伊瑟尔（Wolfgang Iser）写过一本书，叫《阅读活动：审美反应的理论》（《The Act of Reading：A Theory of Aesthetic Response》），“A theory of aesthetic response”美感的反应。你要知道，当一首诗作出来没有一个读者的时候，你的诗再好，它只是一个 aesthetic object，是一个美学的客体。要成为一个艺术品，要等到有读者阅读的反应，它才成为一个有意义的艺术品。所以沃尔夫冈·伊瑟尔说，你要阅读的时候有两个极点，这边是作者，那边是读者。所以从作者，到作品，到读者，都是重要的，缺一不可的。没有经过阅读，就是一个艺术的成品，artifact，阅读以后，它才成为一个美学的客体，aesthetic object。杜甫的诗再好，“夔府孤城落日斜，每依北斗望京华”，你给一个不懂的人，他根本不知道他说些什么。那个不是一个美学的客体，没有经过阅读欣赏的，它只是一个 artifact，只是一个艺术的成品，它不是一个 aesthetic object，（美学的客体）。所以从作者到作品到读者再到接受。有一个很有意思的意大利人，Franco Meregalli（译为：弗兰哥·墨尔加利；或译为：梅雷加利），他在其写的《论文学接受》（《La Reception Litteraire》）一文中认为：一个文学作品，我们要接受这个作品，叫做创造性的背离，creative betrayal，背叛作者原来的东西，是创造性的背离。我觉得他说得很有意思。

王国维就干了一个创造性的背离，他说："古今之成大事业、大学问者，必经过三种境界：昨夜西风凋碧树，独上高楼，望尽天涯路，此第一境也；衣带渐宽终不悔，为伊消得人憔悴，此第二境也；众里寻他千百度，蓦然回首，那人却在灯火阑珊处，此第三境也。"当年柳永、辛弃疾写词的时候有他人生的三种境界吗，没有。创造性的背离。这是小词的妙用。因为它不像诗的言志。……可是词不是，词没有题目，都是写美女，都是写爱情，都是 abandoned women。读者就产生了很多不同的反应，产生了很多微妙的联想，这就是小词与诗不同的地方。按照西方的接受美学来说，读者对小词可以产生这么多联想，小词里面有一种叫 potential effect，我用中文把他翻译成潜能，就是潜藏在作品里面的一种能力，读者可以从词里面

 读出很多的东西来，potential effect，潜能。

其实，在近代以来的中国，有过一些关于“中国古代文论”的专著，但绝大部分都没有脱离“以古证古”的传统，依然令学习者或彷徨于意会，或纠结于言传，或似懂非懂，或一头雾水。步入新中国以后，苏联的文学理论进入中国的社会与大学课堂，也曾有学者尝试以苏联的文学理论来诠释中国古代文论，例如敏泽先生的《中国文学理论批评史》（人民文学出版社 1982 年版），但未能获得学界的多数认同，招致不少非议，当时被指“‘文革’气息太重”“生搬苏联理论”“没能讲清中国的古代学说”。其实我认为这虽然不能算是成功，但也不失为是一种积极的探索。

叶先生在《我的诗词道路》（河北教育出版社 1997 年版）前言中写道：

一般说来，由于我自幼所接受的乃是传统教育，因此我对于传统的妙悟心通式的评说，原有一种偏爱。但多年来在海外教学的结果，却使我深感到此种妙悟心通式的评说之难于使西方的学生接受和理解。这些年来，随着我英语阅读能力之逐渐进步，偶然涉猎一些西方批评理论的著作，竟然时时发现他们的理论，原来也与中国的传统文论有不少暗合之处。这种发现常使我感到一种意外的惊喜，而借用他们的理论能使中国传统中一些心通妙悟的体会，由此而得到思辨式的分析和说明，对我而言，当然更是一种极大的欣愉。直到现在，我仍然在这条途径上不断地探索着。

2021 年 10 月 18 日，在上海举行的第九届“世界中国学论坛”上，叶先生荣获“第六届世界中国学贡献奖”。为了防范疫情，只能在线上举行领奖典礼，所以，主办方提前将评选结果告知了叶先生，以便叶先生准备“获奖感言”的视频，届时在现场播放。9 月 30 日晚，叶先生在

◎　叶先生发表获奖感言视频截图（迦陵学舍提供）

与我通电话中，提前告诉了我这件事，并逐字逐句地给我讲述了她的“获奖感言”之内容，随后又让秘书可延涛老师将文稿发给了我。叶先生在《第六届世界中国学贡献奖获奖感言》中，对于自己与西方文论相互之间的际遇，进行了一个笼统的总结。

我认为：叶先生非常庆幸自己是在20世纪60年代末到达北美，赶上了70年代初西方文论的“大兴”时代，而恰巧她自己又是一个对中国古典诗词熟悉以及中国文论根基扎实之人，二者的相遇，才使二者得以完美结合，融会贯通，才为中国古典诗词鉴赏与研究开辟了一条新的路径。反之，如果西方文论没有遇到叶先生，二者之间的结合恐怕直到当下都还是难以实现的吧？

叶先生的“获奖感言”是这样写的：

各位学者、各位同仁、各位朋友，大家好！很荣幸能获得这一奖项。我们的时代正面临着种种变化，传统文学批评也需要寻求拓展，才能千古长新。在现代西方文论之光照中，对中国词学加以反思和说明，我以为这是我对学术的一点特殊的贡献。词起源于唐五代时期诗人文士的歌筵酒席之间，本来只是写美女爱情的歌辞。但就是这种看似并不严肃认真的“空中之语”，却能产生出一种令人产生种种之联想的，迥异于诗的特殊美感。古代的评论家都注意到了这种难以言传的意蕴，惜乎语焉不详。

我于上世纪六十年代先去了美国又到了加拿大 UBC 大学教书，当时正值西方文论风起云涌之时。我读了他们的不少著作，发现西方之现代文论，与中国传统批评的许多概念与说法，竟有诸多不可思议的暗合之处。我在一系列的长文中，遂以西方之理论概念，对词的美感特质作出了理论性的系统分析。现在我简单地加以介绍，以供参考与讨论。

最早的词选集是五代年间编撰的《花间集》，我对词之特质所作的溯本追源之探讨，正是以《花间集》为主。花间集的作者都是男性，但他们所写的词，却以女性的口吻、情思与生活为主。从西方女性主义文论的角度来看，其特殊的“女性形象”与“女性语言”，都是促成了词之美感特质之形成的重要因素。而更值得注意的是，以女性之口吻来叙写的词，最富有言外之意蕴，亦最容易令人产生“贤人君子”的联想。词之兼具女性与男性之情思的“双性人格”，乃是形成了词之幽微要眇、具含丰富之潜能的一项重要的因素。

另一项重要因素，与诗词的语言息息相关的，则是西方的解析符号学，是由一位法国女性学者朱莉亚·克里斯特娃（Julia Kristeva）提出的。解析符号学将符号的作用分为符示、象征两种类型。后者的符记单元与符义对象之间，乃是一种被限制的作用关系。可是诗歌的语言，除了象征之外，则还可以有另一种符示的作用，既无典故又无象征，也就是说语言的符表与所指的符义之间，往往带有一种不断在运作中生发的生生不已的、兴发感动之特质。而《花间集》中具有“双性人格”的佳作，其语言正是具有符示的作用的，遂能于无意之间产生一种潜能不断引人生发联想的空间。

以上，我们对词之美感特质之形成做了简要的叙述。在日益全球化的今日，我以为中西文化的交流与结合，实在是一项重要的课题。二者思维模式不同，因此也各有所长。中国的诗歌传统源远流长，我们自不应全部袭用西方文论，而是要取二者之可通者而融会之，使其能焕发出新的生命。哈佛燕京图书馆有一副对联曰：“文明新旧能相益，心理东西本自同。”这正是我们对未来学者的期望。

（案：据说叶先生在录制视频时，临时又在各地方有所发挥，所以与原稿有所出入）

在叶先生旁征博引的各种西方理论里面，不仅有北美学者的，也有英、法、德等欧洲学者的，也是由于叶先生对于中国传统诗词的精通，从而才使这些西方的理论与中国词学达到了完美的融会贯通，丝毫没有生搬硬套的违和感，并且获得了学界的广泛认同，这无疑是对中西文化交流的一个极大贡献。

赵林涛先生在《顾随和他的弟子》（中华书局 2017 年版）一书中有这样评论："从'为一己之赏心自娱的评赏'而至'为他人的对传承之责任的反思'，是叶嘉莹诗词道路上的一个重大转变，并由此转入理论研究的新阶段。在多年教学、研究的实践中，叶嘉莹对老师当年关于取径西方文化的叮嘱亦逐渐有了自觉和深刻的认识。"

叶先生在电话里给我讲了一件往事——1986 年，《光明日报》"文学遗产"副刊前来请她书写稿件，而且事关"文学遗产"之存活。叶先生答应了，就在条件不好、参考书籍也不够的北京察院老宅的北屋里爬格子，直至 1988 年，为"文学遗产"共写了 15 期连载，这些就是她最早向中国介绍西方文论的文章，即《迦陵随笔》，全十五篇，已收入《叶嘉莹著作集〈词学新诠〉》（全八册，北京大学出版社 2014 年第二版）。

叶先生也曾在接受访谈时说过："1986 年我应《光明日报·文学遗产》编者之邀，开始为他们撰写一系列用西方文论来讲中国词学的、题为《迦陵随笔》的文字。那是因为他们来邀稿时，曾特别言及当时西方文论与美学等学科正在兴起，而我们的古典文学遗产遭受到冷落，希望我能在《随笔》中加入一些新观念以挽回颓势，这正是我这一系列随笔何以多引用西方文论的缘故。……"（见 2007 年胡静《用生命感悟古典诗词——叶嘉莹先生访谈录》）

在此段落之前，叶先生还说：

后来，我又相继写了《光明日报·文学遗产》之《迦陵随笔》系列以及《对传统词学与王国维词论在西方理论之观照中的反思》《从艳词发展之历史看朱彝尊爱情词之美学特质》《论词学中之困惑与〈花间〉词之女性叙写及其影响》《论词之美感特质之形成与世变之关系》等文。

经过四十年来教研的反思和体认，我对过去所阅读的、曾被我认为琐碎芜杂的一些前人的词话和词论，乃渐能有所辨识，对其意旨所在与得失之处，颇有如韩退之所说的“昭昭然白黑分矣”的体会。

我通过网络检索了一下《光明日报·文学遗产》：“1954 年，经当时的中华人民共和国文化部副部长郑振铎，以及何其芳、冯雪峰、聂绀弩等人倡议、组织，由中国作家协会古典文学部主办，在《光明日报》以周刊的形式创办了一个学术副刊——《文学遗产》。……20 世纪 80 年代中期开始，由于物价不断上涨而经费又不断紧缩等各种经济原因，《文学遗产》面临着财政上的困境，乃至一度濒于停刊，因此期刊不得不在出版、发行方面做了多次改变，先后由中华书局、上海古籍出版社、中国社会科学出版社经理出版事务和山西人民出版社合作出版了《文学遗产增刊》十八期等……”

我一向认为对于中国古典文学的传承，最主要的应该是告诉后来之人它好在哪里、美在何处，教会后学们正确的有所依和有所据的鉴赏方法。日本学者只懂汉字却缺乏语感，所以才重视“考据”；欧美学者既不能完全读懂汉字，又无语感，才只能依靠理论去分析和读解。只有能将理论、考据、赏析结合在一起的学者，才能算得上是“大学者”！

（三）致力于中国诗教传承

叶先生从大学毕业就开始教书，她不仅是教书，并且是育人；不仅是教师，并且是学者，而且是一位出色的学者兼诗词的创作者，一直都在以自己的人格和品格，为后辈学者和世人做出榜样。她从中年就开始关注和实践幼儿诗教，晚年更是“莲实有心应不死，千春犹待发华滋”，倾自己之所有，为推广中华传统文化和诗教，精卫填海，呕心沥血…… 这也是一种“不忘初心”吧！

叶先生说：“……我个人做事原有一个态度，那就是愿望与尽力在我，而成功却不必在我。我只希望在传承的长流中，尽到我自己应尽的一份力量，庶几不辜负当年我的尊亲和师长们对我的一片教诲和期望的心意。”（《我的诗词道路》前言）

叶先生于1998年就给国家上书谏言，呼吁“中华诗教”要及早从小学生抓起。她的谏言虽为当时的领导人采纳，并指示立即组织人力编写教材。但是教材编写时，并没有请她进入编委。她没有任何怨言，依旧做着自己认定的事。

尽管文学理论中有着“作品的客观思想往往大于作者的主观思想”的说法，也就是说，读者（包括批评者）是受众方，可以超出作者的创作意图去理解，因为文字留给了读者充分的想象与发挥的空间。特别是中国传统诗词这样的文学体式，这种特点就更加突出——字数有限，跳跃性大，而且因用典，所能引发的联想空间更大，更广阔。然而，这种想象空间必有所遵循和有所依据，并非恣意妄想，正如朱熹所言：“问渠哪得清如许，为有源头活水来。”可是我认为，叶先生对于这些了如指掌。她之所以能够这样做，是因为她本身就是一位出色的教育者、研究者和诗词创作者，而又具有渊博的学识和丰富且深刻的人生体验。她迄今教授、研究和鉴赏诗词七十余年，博览群书，但她清楚，许多时候都只不过是后来人对前人创作意图的推测。叶先生因早年曾与以弗洛伊德“性心理学”解释古诗的中国台湾新生代学者有过论争，看到一些后来人，有可能因为年代相隔久远，或因新的理论出现，就对前人的作品产生误解，妄加推测，甚至歪曲和妄说。叶先生对此不以为然，并撰文驳斥，予以澄清。更何况以叶先生的人格而言，弱德持守，谨言慎行，重声誉而轻名利，重节操而轻虚浮，是一个不愿被别人妄议的人。我想：她是不想自己的作品被后人误会和曲解，抑或是不想给后人留下诸多疑团，增添麻烦，所以在一次次讲座时，清楚地讲明自己创作时的背景、心境、出典、意图，甚至是梦境或某一个灵感，为的是永远保持和对得起“妙音迦陵”的美誉！

第三节　叶先生的教学特色

说到叶先生的教学特色，回中国大陆讲学以前的，我不太清楚，但凡是在 1979 年，以及 20 世纪 80 年代、90 年代……听过她讲课的人，恐怕都见识过她上课时“不拿讲稿”的风采，还会异口同声地说出“跑野马”和“站着讲”！

据我所知，叶先生讲课时不拿讲稿，并非是事先不做任何准备，直至前些年，每当她在讲授之前，都会于前一天对于自己要讲的内容进行一番构想，默默思度，加之她从小之惊人的记忆力，背诵了大量的文章与诗词，已然烂熟于心，致使她在讲授时能够产生出丰富联想，开始“跑野马”，即使有讲稿也难以派上用场，因此叶先生也从不准备讲稿。

另外，我以为：叶先生授课时不拿讲稿，很可能是受了顾随先生的一定影响。我曾听叶先生以及其他当年听过顾先生讲课的前辈学者说：“顾先生当年讲课时从不带什么讲稿，每次来上课前，有时在路上看到的一些事物，譬如秋天的清晨看到了一片树叶落下，顾先生上课时便会从树叶讲起，就会引诵出无数古人的作品……”要知道，叶先生自从1942年开始听顾先生讲课，直至毕业以后在中学任教期间，都未曾中断过，包括顾先生在辅仁大学以外的大学（如中国大学）教授词选和曲选时，叶先生也会赶去旁听。

而顾先生却常以“见与师齐，减师半德；见过于师，方堪传授”来勉励学生，希望学生能够青出于蓝而胜于蓝。1948年，叶先生要去南京结婚。顾先生赋《送嘉莹南下》一首相送，其中曰：“十载观生非梦幻，几人传法现优昙。分明已见鹏起北，衰朽敢言吾道南。”希望能够后继有人，而且希望就在叶先生身上。后来叶先生去了台湾，顾先生又为她给在台大的台静农先生、李霁野先生、郑骞先生写信以为推荐。数年后，郑骞先生曾对叶先生说：“你所走的是顾羡季先生的路子。”并赞许道：“你可以说是传了顾先生的衣钵，得其神髓了。”（见叶嘉莹先生《怀旧忆往——

悼念台大的几位师友》）

所以我想：叶先生不拿讲稿也是向顾先生学习的吧！

叶先生最近在给我的邮件中说：

你对我的各方面大概都有了记述，唯独对我讲课的特色没有记述……但我作为一个教师，至少应该写出我教书的特色和成就……你在南开读书时，我的讲课应该也仍是跑野马的形式……

叶先生讲课时的“跑野马”应该是自成特色。她曾有诗记述过第一次在南开讲课时的情景：“白昼谈诗夜讲词，诸生与我共成痴。临歧一课浑难罢，直到深宵夜角吹。”我清楚地记得叶先生第二次到南开讲学时（1981年9月至1982年1月）也有过类似之事——白天给七七、七八级学生讲诗；晚饭后，7点开始至8点50分两节课（50分钟一节，中间应该休息10分钟），在主楼111教室给中文系差不多全年级的学生讲词，一个学期，从《花间集》的温韦冯李讲到南宋的姜白石，课间也不休息，一口气讲110分钟。由于叶先生每讲到作品中的一个典故，就会无限引出不同时代的古人诗文加以说明，而且都是随手拈来，脱口而出，由此及彼，由彼又及其他，大开大合……我经常会在快到下课时担心她讲不完预定的内容，而且那时的南开大学规定：主楼是晚上 9 点关门，学生宿舍晚上 10 点吹“熄灯号”。但事实证明我每次的担心都是多余的，她会看似抱歉地莞尔一笑，说：“时间不多了，我又跑野马了！”然后把话锋准确地拉回到原处，再精炼地将那一课收尾讲完，基本上时间都把握得非常好。不过，在我的记忆中有两次真的是超过了下课时间，我坐在下面拼命地用右手指点着左手的手表，提醒她快到时间了，可是没有被她看见。

为了书写这段文字，我与叶先生在电话里进行了回忆，叶先生说：“我那时不是没有看到你在提醒我时间，而是我每次打算讲到哪里，也早已成竹于胸，必须讲完才能结束。”

叶先生讲课为什么能如此大开大合地“跑野马”呢？正如她在邮件中所总结的那样：“……这主要因为我的联想丰富，而且记诵的功底深厚。”

2021 年 9 月 25 日“迦陵学舍”公众号上推出了一篇文章——《“跑野马”之境——在南开聆听叶嘉莹先生古典诗词讲座札记》，作者是 2001 级经济学系的校友。我注意到该文中写有：“叶先生‘跑野马’的神奇之处，在于先生以己之诗心解古人之诗心的‘全任神行’，来引导学生之‘兴发感动’。以先生 2008 年 11 月 15 日讲授东坡词

《八声甘州·寄参寥子》为例……”由于我常年不在国内，聆听叶先生讲课的机会极少。看来，叶先生至少到2008年底还在继续着她的“跑野马”之特色。

叶先生习惯于站着讲课，也是大家多年来有目共睹的。当年没有播映课件的屏幕等设备，叶先生都是在讲台上站着讲课，不仅从头站到尾，而且还随讲随写（当年甚至曾有传言说她可以反手背朝黑板写板书），这给了她可以“跑野马”的极大的自由，也形成了她讲课的一大特色。所以她曾经说她自己很不喜欢后来讲演前要先准备课件的规定，认为这样就限制了她“跑野马”的自由。

所以，我以有这样的姑母为骄傲。

结束语

最近有一部陈传兴先生执导的文学纪录片《掬水月在手》，入围了2020年上海国际电影节“金爵奖”，而且又于2020年11月29日荣获了第33届中国电影“金鸡奖”（最佳纪录片/科教片奖项）。叶先生仔细阅读了几乎所有的相关报道，希望我能在此对于制作方的答记者问做一些补充说明：姑母常常煮冷冻饺子吃，而且吃得很快，都是为了节省时间，因为她是一个以工作为主的人。她的确是一个热爱生活的女人，但并非如答问时所假想的那样是一个讲求享受的普通妇女。

曾听姑母讲：她当年在台湾的大学教书和搞研究时，每天买两个盒饭，中午吃一个，晚上吃一个；在哈佛大学时，每天只吃三个“三明治”，她的研究室在三楼，热水间却在一楼，夜晚楼道里全熄了灯，她担心上下楼不安全，就自备了一个可以放在水杯里的电烧水器…… 直至前些年，她每次回到天津，住在南开大学西南村，都会让秘书可延涛老师给她买来许多速冻饺子放入冰箱，每天中午自己煮来食用。那时请来的只是“小时工”，每天傍晚来为她做一顿晚饭和打扫一下房间，然后离开，她自己一个人工作到深夜。有一次，她夜里两点多钟摔倒在地，跌断了锁骨，她不愿半夜麻烦其他人，就自己忍痛支持到天亮才去医院，所以她的身体里至今还留有一根金属锁骨…… 这些都是我耳闻目睹的实情。有几次我中午到天津去看望姑母时，她一边吃冷冻饺子一边对我说：“其实我对于生活的要求很简单”，“我不是一个讲求享受的人，并不觉得这种简单的生活有多苦，因为我是一个以工作为第一的人”，“我真的是太忙了”，“我要做的事情还很多，做都做不完，留给我的时间不够用……”令在一旁看着听着的我甚是心疼。哪怕是最近，她仍然是晚饭后稍作休息，然后起来又继续工作到深夜。

由于《掬水月在手》的公映，引起了不小的反响，网上出现了一些“叶先生为什么是加拿大国籍?”之疑问。对此，我在这里想做一点儿说明。除了我在本文第三章第二节“姑母归来”中讲述的原因之外，还有一个原因就是：1991 年 4 月，已是加拿大籍的叶先生，以其有关中国古典诗词的中英文论著丰硕，成就卓越，荣获了“加拿大皇家学会院士”的称号，是该学会自创立以来以中国古典文学当选为院士的唯一之人。2012年6月，叶先生又被中国政府聘任为“中央文史馆馆员”，等同国务院参事。中央文史馆原本只能聘任中国国籍的馆员，但是，由于考虑到如果叶先生放弃了加拿大国籍，那么“以中国古典文学成为院士的唯一之人”也就不存在了……所以国务院破例聘请叶先生成为了中央文史馆唯一的“外籍馆员”。这就是叶先生至今还保留着加拿大国籍的缘由。

另外，一直以来，人们都知道叶先生常以老师顾随先生说的两句格言作为自己人生的座右铭，即：“一个人要以无生之觉悟为有生之事业，以悲观之体验过乐观之生活。”但是，最近（2020年12月2日）收到叶先生发来的邮件，内容如下：

诸位朋友：

以前因为我年轻，我说过两句格言式的话，曾经托名我的老师顾先生所说。但是我的老师实在没有说过这两句话，他的女儿顾之京也说她父亲没有说过这两句话，因为那实在是我说的。所以现在我要向大家说明这件事：这两句话不是我老师说的，是我自己说的。特此更正。

迦陵

同时，叶先生在新版《红蕖留梦》中也做了更正，叶先生是这样说明的：“我以前曾经假托我的老师顾随先生说过：‘一个人要以无生之觉悟为有生之事业，以悲观之体验过乐观之生活。’这两句其实是我自己的话。正是当我经历了一生的忧苦不幸之后，我自己想出了这两句话，

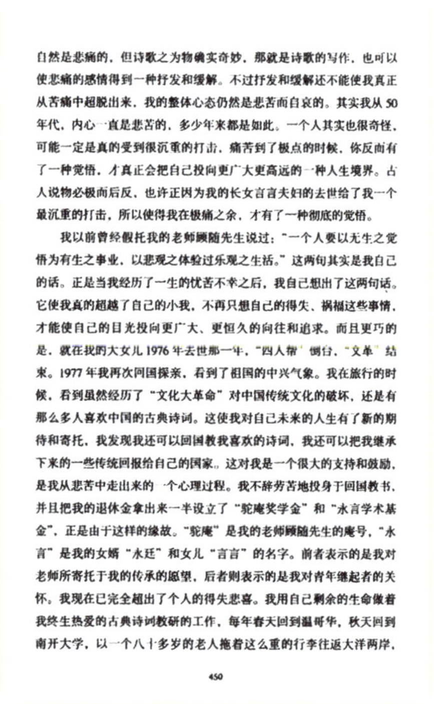

自然是悲痛的，但诗歌之为物确实奇妙，那就是诗歌的写作，也可以使悲痛的感情得到一种抒发和缓解。不过抒发和缓解还不能使我真正从苦痛中超脱出来，我的整体心态仍然是悲苦而自哀的。其实我从50年代，内心一直是悲苦的，多少年来都是如此。一个人其实也很奇怪，可能一定是真的受到很沉重的打击，痛苦到了极点的时候，你反而有了一种觉悟，才真正会把自己投向更广大更高远的一种人生境界。古人说物必极而后反，也许正因为我的长女言言夫妇的去世给了我一个最沉重的打击，所以使得我在极痛之余，才有了一种彻底的觉悟。

我以前曾经假托我的老师顾随先生说过：“一个人要以无生之觉悟为有生之事业，以悲观之体验过乐观之生活。”这两句其实是我自己的话。正是当我经历了一生的忧苦不幸之后，我自己想出了这两句话。它使我真的超越了自己的小我，不再只想自己的得失、祸福这些事情，才能使自己的目光投向更广大、更恒久的向往和追求。而且更巧的是，就在我的大女儿1976年去世那一年，“四人帮”倒台，“文革”结束。1977年我再次回国探亲，看到了祖国的中兴气象。我在旅行的时候，看到虽然经历了“文化大革命”对中国传统文化的破坏，还是有那么多人喜欢中国的古典诗词。这使我对自己未来的人生有了新的期待和寄托，我发现我还可以回国教我喜欢的诗词，我还可以把我继承下来的一些传统回报给自己的国家。这对我是一个很大的支持和鼓励，是我从悲苦中走出来的一个心理过程。我不辞劳苦地投身于回国教书，并且把我的退休金拿出来一半设立了“驼庵奖学金”和“永言学术基金”，正是由于这样的缘故。“驼庵”是我的老师顾随先生的庵号，“永言”是我的女婿“永廷”和女儿“言言”的名字。前者表示的是我对老师所寄托于我的传承的愿望，后者则表示的是我对青年继起者的关怀。我现在已完全超出了个人的得失悲喜。我用自己剩余的生命做着我终生热爱的古典诗词教研的工作，每年春天回到温哥华，秋天回到南开大学，以一个八十多岁的老人拖着这么重的行李往返大洋两岸，

450

◎《红蕖留梦》（增订本），生活·读书·新知三联书店2019年版，第450页

它使我真的超越了自己的小我，不再只想自己的得失、祸福这些事情，才能使自己的目光投向更广大、更恒久的向往和追求。”

其实，以这两句话来概括叶先生迄今为止的人生，才是再合适不过的了！

2009年7月2日姑母85岁寿辰时，我曾写过一篇类似于诗的文字，聊表祝贺之情。近期为写此文，稍作修改。现在抄录于下，谨做结束之语。

《姑侄情》

2009年7月2日家姑寿辰，作于日本福冈。

（修改于2020年7月）

少小只于相册识，
家姑往事多不知。
犹记婚纱似莲座，
如璧颜容明眸姿。
“文革”骤起天地变，
协助母慈燃照片。
当日天昏星夜下，
付诸一炬随火焰。
临近初中毕业际，
家姑音讯隔洋悉。

海外关系成因由，
致我十六学徒去。
七四年中夏月夜，
离别卅载归心切。
家人对面烛光里，
骨肉团聚音声接。
是岁吾年虚十九，
伴随左右访师友。
旧地新游感倍深，
寄情长歌诗一首。
察院老宅诵诗声，
姐弟争背祖国行。
此后幸得姑相助，
南开北影又东瀛。
寻根叶赫赴东北，
巨日黄昏无限美。
喜来祖地城头上，
姑扮格格侄侍卫。
我以家姑为骄傲，
诗教传灯莲实效。
易安词作相比美，
班昭史笔差相及。

兴发感动弱德述，
论诗谈词等身著。
学通东西贯古今，
辗转南北颂屈杜。
不辞寒暑海内外，
报国育人激情湃。
老骥宏志心犹存，
衣裙士者誉时代。
奈何小侄不争气，
未能学得姑诗艺。
四十五年似弹指，
崇敬心余悔无技。
适逢姑母做寿诞，
谨以此作表祝愿。
祈祷上苍佑健康，
姑侄情份永世伴。

初稿完成于2020年7月21日（庚子六月初一）
值叶嘉莹先生96岁华诞
谨以此文遥祝姑母健康长寿！吉祥如意！
修改于2021年9月30日凌晨

◎ 2017年春节前“除夕”，在南开大学西南村叶先生居所

◎ 2018年3月24日，叶先生与中加家人齐聚迦陵学舍

◎ 2018年2月15日，叶先生与北京家人过“除夕”（左起：长侄媳赵欣、侄女叶言权、侄孙女叶诗诗、笔者、侄外孙郝博、侄女婿郝伟光）

后　记

本书原是应《为有荷花唤我来——叶嘉莹在南开》(中国大百科全书出版社2021年版）邀约而作；后首发于《中国社会科学报》“后海版”（2021年3月—12月)，系该报创刊以来前所未有的长篇连载；现又由人民出版社出版了全文版，作为作者，也感到十分欣慰和鼓舞。

2019年伊始，姑母叶嘉莹先生每日都为后背患筋膜炎所累，浑身疼痛不已，行动不便。10月“南开百年”校庆期间，南开大学中文系八二级的数名同学前往叶先生居所探望，当场约定以他们为主编辑出版一册纪念叶先生归国执教40周年的图文集，暂定名《叶嘉莹先生在南开》，预定2020年10月出版。

2020年初，整个世界的正常生活都因新冠疫情而停滞。3月中旬某日，叶先生给我转发来了深圳某高中的一位女教师所写的一篇有关叶先生诗词赏析的文稿，并说明自己因病无法审读，又因文中涉及我们家世，以及诗词中所出现的众多人物等，是以要我代阅。学界和书刊出版界都知道，叶先生一向弱德持守，谨言慎行，重声誉而轻名利，持节操而戒虚浮，是一个不愿被别人妄议的人；而且叶先生曾明言：凡是写有关她的文章，都要经过她本人审阅同意后方可发表。我遂与那位女教师添加微信沟通一月有余，希望能够尽力帮其达成出版心愿，并为其提供了一些建议与图片，甚至修改和补写一些内容，往返数稿。但由于诸事想法有别，最终于同年 5 月初作罢。（案：只缘叶先生于本书序言中提及此事，是以在此稍作说明）

恰好同年 5 月下旬，《叶嘉莹先生在南开》编委会联系我，邀我撰写稿件和提供一些从未发表过的图片。我便将此事汇报给了姑母叶先生，并征求“可否”之意见。由于我清楚地知道叶先生素来的要求，又担心自己的记忆与姑母的有出入，所以尽管叶先生也曾多次对我说过：“其实，你最应该写一点儿什么！”（要知道，在大陆的还在世的家族人中，对于叶先生自 1974 年第一次回国以后的事情了解并亲历最多的可能非我莫属。）此次获得了姑母的许可和鼓励，才动笔钩沉。又鉴于有前面所讲到的代替叶先生审阅稿件时，记忆的闸门一经打开，思绪涌动——姑母对于我的教诲与帮助，叶先生站在讲坛上的奕奕神采，姑侄俩去拜访各位前辈学者时的情景……往事不断浮现，历历在目，文思亦属顺畅，竟然写出了这么许多。写作过程中，也发现和订正并弥补了以往对于叶先生之记述文章中的一些疏漏。（案：如勘误了所谓“叶先生第一次到南开讲学”时的照片、补充了研究所的创立过程等）

其间，由于疫情我不能回国，可是手头可参考的各种必要资料又极少，因此我在这里必须感谢南开大学的张静老师、可延涛老师、闫晓铮老师和华东师范大学图书馆的曾庆雨老师，他们为我提供和查询了许多依据与资料。特别是闫晓铮老师，由于姑母年事已高，视力下降，我每写完一稿，都要由他放大字号打印出来，送至叶先生的居所，请叶先生审阅，再把叶先生的修改意见回馈于我。

还须感谢的有：张菊香老师为我提供了已故逄诵丰处长的日记中有关引进叶先生和创办研究所的内容；宁宗一先生、王文俊先生与我通电话讲述了当年的一些历史详情；当我写到陈贻焮先生那一节时，也获得过北大张少康先生的协助；以及我大学同寝室四年的同学方正辉（中国外文局原副局长），帮我整理思路乃至把关文字。

本书的出版确实离不开多方的大力支持。对于推荐本文稿在《中国社会科学报》上连载的谢宗睿先生与责编杨阳老师，中国大百科出版社参与出版《为有荷花唤我来——叶嘉莹在南开》的各位编辑老师，最初向我约稿的刘学玲师妹和编委会成员以及资助图文集出版的南开校友会，特别是作为本书责任编辑的人民出版社的刘畅博士，在此一并致以最诚挚的感谢！

年近百岁的姑母叶嘉莹先生为我严格审稿和题写序言，特献上我深深的敬意和美好的祝福！

叶言材

2021 年 11 月 26 日

于天津唯庭酒店“隔离点”

书名题签：李纯博
责任编辑：刘　畅
装帧设计：石笑梦
封面照片由迦陵学舍提供

图书在版编目（CIP）数据

我与姑母叶嘉莹：贺寿版 / 叶言材著．—北京：人民出版社，
　2023.9
ISBN 978－7－01－025875－1

I. ①我…　II. ①叶…　III. ①叶嘉莹－事迹　IV. ① K837.115.6

中国国家版本馆 CIP 数据核字（2023）第 153645 号

我与姑母叶嘉莹（贺寿版）

WO YU GUMU YEJIAYING（HESHOUBAN）

叶言材　著

人民出版社 出版发行
（100706　北京市东城区隆福寺街 99 号）

北京华联印刷有限公司印刷　新华书店经销

2023 年 9 月第 1 版　2023 年 9 月北京第 1 次印刷
开本：710 毫米 ×1000 毫米 1/16　印张：15.5
字数：137 千字

ISBN 978－7－01－025875－1　定价：66.00 元

邮购地址 100706　北京市东城区隆福寺街 99 号
人民东方图书销售中心　电话（010）65250042　65289539